GINES M.J. # 7

QUELQUES SCÈNES

DU

MOYEN-AGE

LÉGENDES ET RÉCITS

PAR

J. COLLIN DE PLANCY

PLANCY
Société de Saint-Victor, pour la propagation des bons livres.
ARRAS
Rue Ernestale, n° 289.

PARIS
Sagnier et Bray, libraires, rue des Saints-Pères, n° 64.
AMIENS
Rue de Noyon, 47

1853

Robert de Béthune.

La seconde femme de Robert de Béthune.

QUELQUES SCÈNES

DU

MOYEN-AGE

LÉGENDES ET RÉCITS

PAR

J. COLLIN DE PLANCY

PLANCY	PARIS
Société de Saint-Victor, pour la propagation des bons livres.	Sagnier et Bray, libraires, rue des Saints-Pères, n° 64.
ARRAS	**AMIENS**
Rue Ernestale, n° 289.	Rue de Noyon, 47

1853

PROPRIÉTÉ

Plancy, typ. de la Société de St-Victor. — J. COLLIN, imp.

PUBLICATION DE LA SOCIÉTÉ DE SAINT-VICTOR

QUELQUES SCÈNES

DU

MOYEN-AGE

APPROBATION

L'examen auquel nous avons soumis l'ouvrage intitulé : *Quelques Scènes du Moyen-Age*, n'y a rien fait trouver qui puisse être blâmé ; rien ne s'oppose, en conséquence, en ce qui nous concerne, à la publication de ce livre, que la Société de Saint-Victor a l'intention d'imprimer ; la lecture en pourra être faite sans danger, et même avec intérêt et amusement.

Donné à Arras, sous notre seing, le sceau du chapitre, et le contre-seing du secrétaire de l'évêché, le 28 août 1854.

WALLON CAPELLE,
Vicaire capit.

Par mandement :

TERNINCK,
Chanoine, secrétaire général.

QUELQUES SCÈNES

DU

MOYEN-AGE

LE PONT DU CHATEAU D'YPRES

La justice est à Dieu.
ALEX. GARNIER.

La jolie ville d'Ypres autrefois fut souvent le séjour favori des souverains de la Flandre. Philippe d'Alsace, qui aimait les Yprois, bâtit dans leur cité un château qu'on appelait le Zaelhof et quelque fois la Cour-du-Prince. Des chroniqueurs amis du merveilleux ont dit que ce château fut l'ouvrage d'un prince anglais nommé Yperbolus, lequel, chassé de son pays, se serait réfugié en Flandre, où il aurait fondé Ypres. Mais ce sont là de ces contes comme on en faisait beaucoup au bon vieux temps passé.

Ce château, dont il ne reste plus rien depuis quelques années, était situé, comme on le sait, au couchant de la ville; dè larges fossés qu'alimentait la petite rivière de l'Yperlé l'entouraient et l'isolaient; un pont de pierre et de bois, dont le milieu se levait avec une herse, formait dans l'origine la seule entrée de cè manoir de prince. Dans les siècles féodaux, les demeures des souverains n'étaient que de tristes forteresses. En 1268, Guy de Dampierre fonda, tout près de la ville, le cloître des Frères-Prêcheurs. Depuis cette époque, Robert de Béthune, fils de Guy, habitait le château d'Ypres, qu'il chérissait; il y passa la plus grande partie de sa vie, et y mourut en 1322.

Or, un beau jour de l'automne de 1280, il y avait devant le pont du château d'Ypres une grande affluence de peuple qui circulait à petit bruit, parlait à voix basse, se plaçait des deux côtés du chemin comme dans l'attente de quelque chose d'extraordinaire, et semblait en proie à une préoccupation profonde. Une draperie noire flottait au-dessus de la porte qui terminait le pont du Zaelhof. A travers cette porte, toute grande ouverte, on n'apercevait personne dans la cour. Cependant Robert de Béthune seul était absent. La comtesse, sa femme, était là avec ses nombreux serviteurs. Mais un évènement funeste était venu apporter le deuil dans cette riche demeure. Le fils aîné de Robert de Béthune, jeune prince de douze ans, plein d'espérance, venait de mourir, pendant que Robert, envoyé par Guy de Dampierre, son père, qui régnait alors, était allé soumettre ceux de Bruges, dont les gouverneurs refusaient de rendre compte de leur administration. On attendait le retour de Robert pour les funérailles de l'enfant.

— Et vous pensez, dit une poissonnière à une bourgeoise en chaperon, que ce cher petit ange est mort tout subitement?

— En moins d'une heure, Mike. Avant hier, à huit heures du matin, il était frais et bien portant. Il a déjeuné de bon appétit, le noble jeune seigneur; à neuf heures il était mort.

— Mais, mon Dieu, reprit la poissonnière, avec qui a-t-il déjeuné, le cher ange?

— Mais avec sa belle-mère.

— Ah! ah! interrompit un Liégeois qui venait d'arriver à Ypres, il y a là une belle-mère?

— Eh! mais, mon Dieu! qu'est-ce que cela fait? dit la marchande de poisson. Je suis belle-mère, moi, et j'aime les enfants de la défunte; je les empêche de manger des arêtes.

— C'est que vous n'êtes pas princesse, ma bonne femme, dit le Liégeois, et que vous n'avez pas des enfants à faire princes.

— Bien dit! s'écria un vieux soldat invalide, qui jusqu'alors avait écouté d'un air grave sans desserrer les dents.

— Est-ce que vous croiriez, demanda un cordier, aux mauvais bruits qui circulent?

— Je ne dis rien, se hâta de répliquer le soldat, en se retirant contre la muraille pour écouter, comme un homme qui voudrait que d'autres pussent exprimer ce qu'il pense.

— Jésus! mon Dieu! reprit encore la poissonnière, est-ce qu'il serait possible qu'une belle-mère fût assez dénaturée, mon bon Dieu!...

— Prenez garde à ce que vous allez dire, interrompit l'invalide en saisissant le bras de la marchande de poisson et lui montrant le Zaelhof. Il y a là des cachots, ajouta-t-il.

La bonne femme se tut.

— Mais pourtant, dit le Liégeois après un

moment de silence, je voudrais bien savoir ce qu'on soupçonne.

— Vous êtes curieux, dit le soldat en ouvrant des yeux énormes. Voici :

Le seigneur comte Robert de Béthune est un brave et digne chevalier, comme vous le savez certainement, quoique vous soyez de Liége. Or, en l'année 1266, il y a de cela quatorze ans, le seigneur Charles d'Anjou, roi de Sicile, frère du noble et vénéré Louis le neuvième, dont les Français, nos voisins, ont si justement droit d'être fiers, le seigneur Charles d'Anjou fut obligé de disputer son trône contre le seigneur Manfred. Ces choses-là se voient tous les jours. Manfred, qui n'était pas un chrétien du premier rang, se trouvait déjà quelque peu excommunié. Il faisait donc la guerre rudement, et, les Siciliens du parti de Charles, étant battus, tout allait mal. Le seigneur roi Charles, bon prud'homme et prince avisé, demanda aide et secours aux Flamands, dont il savait que le bras n'était jamais endormi. Robert de Béthune, mon digne maître....

En disant ce mot, avec la seule main qui lui restait, le soldat souleva son bonnet.

Robert de Béthune partit, emmenant des Flamands, des Picards, et des Artésiens. Dès que nous y fûmes (j'avais alors le bras qui manque ici), la face des affaires changea; et ce furent les armes de monseigneur Charles qui reprirent le dessus. La grande bataille de Bénévent se livra : elle est assez fameuse; je n'ai pas besoin d'en dire plus; tout pliait devant nous. Le seigneur Manfred, en grande colère, cherchait notre brave général. Il aperçoit Robert au milieu de nous; il s'élance contre lui, et il allait le frapper d'un coup d'épée. Le bras qui manque ici para le coup, et pour lors Robert tua Manfred, gagna la bataille, mit l'armée ennemie en déroute.

Au retour, j'eus de mon digne maître le petit domaine qui me fait vivre exempt de soucis. Mais avant, le roi Charles, voulant récompenser le vaillant prince qui avait solidement affermi sa couronne, lui donna en mariage sa fille Blanche. C'était une belle et noble princesse. Robert en eut un fils, qui naquit en 1268 et qui fut nommé Charles par son grand-père maternel; il avait coûté la vie à sa pauvre mère. Il put seul adoucir le désespoir du seigneur Robert de Béthune, qui deux ans après s'en revint en Flandre avec lui, pour régner sur nous.

L'année suivante, le seigneur comte Robert, veuf d'une fille de roi, épousa la fille d'un comte : il n'avait pu résister aux grâces de dame Yolande de Bourgogne. Elle lui a aussi donné un fils, qui s'appelle Louis et qui maintenant règnera, maintenant que l'aîné est mort.

— Je comprends, dit le Liégeois : mais la dame Yolande n'aimait donc pas le fils aîné ?

— On le dit, murmura l'invalide. Le seigneur Robert arrive ce matin. Plaise à Dieu que le mal qu'on suppose ne soit pas fondé, car le prince est redoutable dans ses chagrins.

Comme les entretiens en étaient là, et que les curieux se parlaient en tous sens, on entendit tout à coup le son de la cloche du château ; on remarqua du mouvement dans la cour. La comtesse Yolande, vêtue de noir, parut sur le perron.

— Du haut du donjon, dit le cordier, on a aperçu monseigneur le comte Robert.

Les yeux se tournèrent du côté opposé ; et bientôt, au bout de la rue du château, on vit flotter la bannière de Robert, qui arrivait entouré de ses hommes d'armes.

Il n'avait encore que trente-six ans. Mais sa

mine était si austère et si sombre, que l'invalide ne put s'empêcher de dire :

— Il sait tout.

Robert en effet savait que son enfant chéri était mort, et il le croyait empoisonné par sa belle-mère. L'histoire, qui peut se tromper aussi bien que nous tous, accuse de ce crime Yolande, et suppose par là qu'elle voulait assurer à son fils l'héritage de la Flandre. Robert arrivait persuadé de ce forfait, l'âme bouleversée et ne méditant que d'horribles projets de vengeance. Pourtant il était chrétien. Mais, dans les excursions et les guerres qui l'avaient occupé dès sa jeunesse, il avait oublié les saints préceptes de l'Evangile, qui mettent aux passions leur barrière ; il avait laissé croître dans son cœur la violence et les emportements. Un plus grand éloignement peut-être eût calmé un peu sa fureur, et le temps l'eût adoucie. Il arrivait ardent de colère. Une seule pensée le retenait, une pensée toute mondaine, hélas ! celle de ne pas souiller sa gloire par un emportement méprisable. Il voulait faire le mal avec dignité ! Il songeait à faire juger sa femme. Il n'avait pas encore de plan bien assis.

A la vue de son manoir, où l'attendait un cercueil, il fit ralentir le pas et s'avança plus doucement, la tête baissée. Il était tout vêtu de fer ; sa tête, sa poitrine, ses bras, ses jambes, étaient couverts de lames de fer. Sa haute lance reposait debout à son côté. La comtesse Yolande en le voyant descendit du perron et s'avança jusqu'au milieu du pont, où l'on apporta un escabeau, afin qu'elle pût là faire à son mari l'hommage accoutumé et lui donner le baiser de salut.

Robert ne descendit pas de cheval, comme il avait coutume en pareille occasion. Mais en s'avançant sur le pont il releva la tête, et parut frémir avec violence à l'aspect de la comtesse. Il lui lança un regard si formidable, qu'elle en pâlit. Elle se remit pourtant, et ses femmes lui donnèrent la main ; elle s'efforça de faire bonne contenance, s'éleva sur l'escabeau, et se présenta à la rencontre de son mari pour l'embrasser.

Robert s'arrêta si vivement, que son cheval recula d'un pas ; il sembla hésiter, puis prendre son parti. Il ouvrit son bras droit pour recevoir Yolande ; et, pendant qu'elle lui donnait un baiser, cette femme qu'il avait si tendrement aimée, il referma son bras pour la serrer sur son cœur ; il la retint ainsi une minute ; le cheval s'avança de deux pas, et on entendit un sourd gémissement. Alors Robert laissant échapper Yolande de ses bras de fer, elle fut reçue par ses femmes, qui, la trouvant évanouie, lui prodiguèrent leurs soins, pendant que le comte s'élançait dans le château et courait au cercueil de son fils.

La comtesse Yolande était morte : Robert l'avait étouffée. — Elle fut inhumée dans l'église des Frères-Prêcheurs.

« Pour perpétuer, dit M. Lambin, le triste souvenir de la criminelle vengeance du comte, on plaça une grande pierre à l'endroit où il avait sacrifié son épouse aux mânes de son fils aîné ; cette pierre qui se trouvait encore en 1784 devant le pont du Zaelhof a disparu depuis. »

Peut-être lira-t-on ici avec intérêt l'histoire peu connue des deux fils de cette femme, dont l'aîné, Louis, ne régna pas. Nous allons sauter quarante ans.

Il y avait en ce temps-là entre les Flamands et les Français une antipathie profonde, qui s'exprimait par la guerre et par l'assassinat. Les torts étaient des deux partis : les Flamands voulaient méconnaître une suzeraineté qui alors était un droit;

les Français voulaient opprimer. De là étaient résultés les meurtres de Bruges et le carnage de Courtray. Le vieux comte Guy de Dampierre était mort dans sa prison de France, pour n'avoir pas voulu démolir ses forteresses contre le vœu de son peuple. Robert de Béthune, son fils, régnait ; mais, victime de la politique française, il lui avait fallu abandonner à la France Lille et Douai ; et, pour conserver ses sujets, le pauvre comte vieillissant se les était aliénés : le malheur a tort.

Robert de Béthune était un homme grave. Comme nous l'avons dit, il avait eu de sa seconde femme, Yolande de Bourgogne, comtesse de Nevers, un fils, que l'historien Meyer représente comme un jeune prince de haut mérite. On l'appelait Louis de Nevers ; il était sérieux, appliqué aux grandes choses ; il avait surtout une qualité qui plaisait aux Flamands : il n'aimait pas les Français ; et peut-être est-il flatté par Meyer, qui ne les aimait pas non plus.

Louis de Nevers était père lui-même d'un fils, déjà marié, et qui portait le même nom que lui. Ce deuxième Louis règnera ; c'est sous son administration que bientôt le peuple de Flandre, mécontent, se ralliera autour de la grande figure d'Artevelde. Ce second Louis de Nevers n'avait ni les qualités de son père ni ses antipathies. Elevé à la cour de France, il voyait dans le monarque français son appui. Mais au printemps de l'année 1320 on s'arrêtait peu à cette pensée : le premier Louis de Nevers qui devait succéder à Robert de Béthune n'avait pas cinquante ans (Robert en avait près de quatre-vingts.)

S'il faut en croire certains historiens flamands, la cour de France chercha, au moyen d'agents qu'on ne désigne pas très bien, à enlever la couronne flamande au premier Louis de Nevers pour la faire passer à son fils. Ce qui peut surprendre, c'est qu'on mit dans la confidence de ce complot Robert de Cassel, second fils de Robert de Béthune, en lui faisant espérer les droits de son frère s'il le perdait, promesse que sans doute on n'avait pas envie de tenir, puisqu'on travaillait pour le prince élevé à Paris.

Quoi qu'il en soit, un jour on alla trouver le vieux Robert de Béthune, pendant un séjour qu'il faisait à Paris avec ses enfants, et on lui démontra que son fils aîné, qu'il aimait, avait voulu l'empoisonner.

Le vieillard eût pu réfléchir qu'il était octogénaire, et que son fils, jusque-là vertueux, n'avait pas même d'intérêt à saisir par un forfait une couronne qu'il ne pouvait plus attendre longtemps. Soit que les esprits de Robert de Béthune se fussent affaiblis, soit qu'on eût admirablement combiné les indices, le vieux comte crut tout et frémit. Il se rappela que Louis de Nevers était fils d'une mère à ses yeux criminelle; et ensuite il tourna contre son fils toutes les actions de sa vie qui devaient le plus la défendre. Dans toutes les paix onéreuses à son pays, Louis de Nevers avait refusé de signer. Il avait protesté contre toutes les concessions faites à la France. Il s'était opposé, avec respect pour son père, mais avec fermeté à toutes les complaisances qui pouvaient léser les intérêts de la Flandre. Robert de Béthune vit dans tout cela une désobéissance coupable. Dans le désir de maintenir son père sur un trône respectable il vit le projet de l'envahir. Il donna l'ordre d'emprisonner Louis de Nevers; et personne n'osant porter la main sur un si noble prince, ce fut son frère Robert de Cassel qui alla lui-même le saisir et qui l'entraîna dans un cachot, à Rupelmonde.

La défense du prince alors devint impossible.

Il s'était borné à nier avec horreur le crime dont on le chargeait. Son frère devint son plus grand ennemi. Il se porta son accusateur devant son père; et il se vanta de faire avouer le crime à son confesseur, si on voulait lui permettre de le questionner. On sait ce qu'on entendait alors par la question. Robert de Béthune ayant donné l'autorisation de faire cette épreuve, Robert de Cassel regarda son frère comme perdu, et dans son impatience, il envoya au gouverneur de Rupelmonde l'ordre de le faire mourir.

En même temps il fit appliquer à la torture le frère Gauthier, confesseur du prince, bon et doux moine dont il espérait avoir bon marché. Mais le pauvre religieux trouva dans sa foi une force que rien ne put abattre. Malgré les tourments les plus cruels et les épreuves les plus raffinées, on ne put lui faire prononcer un seul mot qui chargeât l'innocent. On lui insinua qu'il serait relâché avec des récompenses s'il révélait la confession de son pénitent et surtout s'il l'accusait; il préféra le martyre à une vie sauvée par le mensonge et le sacrilége; il mourut à la question, sans avoir dit une parole qui établît le crime. Il répéta au contraire, au milieu des souffrances extrêmes, en rendant le dernier soupir, que Louis de Nevers était victime de la calomnie.

Ce témoignage d'un mourant frappa Robert de Béthune. Il envoya sur-le-champ au gouverneur de Rupelmonde l'injonction de mettre Louis en liberté. Par bonheur, le gouverneur n'avait pas encore exécuté l'ordre de Robert de Cassel. Celui-ci, troublé de la crainte de revoir son frère, fit jouer autour du vieux comte de nouveaux ressorts qui réveillèrent ses terreurs. Louis de Nevers fut banni ; défense lui fut faite de paraître jamais en Flandre ni devant son père ; il fut déshérité de ses droits ; et on sembla lui faire grâce en lui laissant la vie.

Louis, accablé, tenait plus à son honneur. Il se rendit en France ; et là, devant la cour, il offrit de confondre ses accusateurs et de produire plusieurs moyens de justification. On ne le lui permit pas. Ulcéré d'un procédé si infâme, il provoqua tout haut ses accusateurs en champ clos. Aucun ne se présenta. Il eût été beau alors de voir le jeune fils du proscrit prendre la défense de son père. Louis resta sans appui et sans espoir d'obtenir justice.

Dans sa peine amère, il adressa encore des

cartels à ceux qui l'avaient accusé : pas un seul ne répondit. Il résolut alors de les aller trouver ; mais la cour de France fit pour lui ce que la politique anglaise a fait de nos jours pour Napoléon. Il s'était confié à ses ennemis ; ils le jetèrent dans un autre cachot ; et, comme sa noblesse et ses manières séduisaient jusqu'à ses geôliers, on le traîna de prison en prison, craignant toujours de le voir s'évader ; on l'accabla de mauvais traitements, pour user plus vite la vie solide dont il était doué. On réussit : Louis de Nevers mourut sous les barreaux, le 24 juillet de l'année 1322. Son père alors le pleura ; il lui fit faire à Courtray de pompeuses funérailles ; il reconnut son innocence, mais la mort ne se répare point

Deux mois après, Robert de Béthune mourut lui-même avec douleur ; et son petit-fils Louis de Nevers et de Réthel, dit le Lâche, par des historiens passionnés, lui succéda, avec l'appui de la cour de France, qui du reste n'était pas, alors surtout, la nation française.

ALBRAIDE

REGNIER-AU-LONG-COU

> Il fallait que ce fût un ange,
> puisqu'elle toucha ce cœur d'airain.
>
> GOETHE.

ENDANT les invasions effroyables qui dévastèrent les Gaules après la mort de Charlemagne, une flotte de Normands se montra en 874 aux embouchures de l'Escaut, sous la conduite de Rollon, appelé par les siens Rolf-Gaunga (Rollon-le-Marcheur), chef célèbre par son active habileté et son courage. Il était fils d'un puissant seigneur norwégien. Banni de son pays pour avoir offensé le roi Harald, qui était le vassal de l'empereur, il s'était mis à la tête d'une troupe hardie d'aventuriers danois. Uni à des pirates anglais, il aborda dans l'île de Walcheren et la soumit. Les Frisons, ayant voulu se lever pour venir à l'aide de leurs voisins, virent aussitôt leur

pays envahi : leur armée fut battue, et la Frise fut aussi jetée sous le joug.

Pendant qu'il affermissait sa victoire, Rollon apprit qu'un autre ennemi s'apprêtait à le combattre. C'était Regnier Ier, comte de Hainaut, dit Regnier-au-Long-Cou. Né dans la Hesbaye, ce qui l'a fait nommer par quelques-uns duc de Hesbaye, parce qu'il y possédait des domaines, Regnier était fils de Giselbert, duc bénéficiaire de Lothier, c'est-à-dire gouverneur nommé de la Lotharingie ou Lorraine ; il avait eu pour mère Ermengarde, fille de l'empereur Lothaire. Ainsi le sang de Charlemagne coulait dans ses veines. Son mérite, son courage, son rang, et sa bonne mine, lui avaient gagné le cœur d'Albraïde, fille du comte de Hainaut Abdon II, qui, n'ayant qu'elle d'enfant, la lui donna en mariage et lui laissa ses États. Jamais, dit-on, l'on n'avait vu de plus heureuse union que celle de Regnier et d'Albraïde.

Le cœur de la jeune comtesse se serra lorsqu'on annonça l'approche des Normands. Les Francs de l'Austrasie, désunis alors, n'offraient, malgré leur courage, qu'une résistance locale et partielle qui se brisait à chaque pas. Les Normands remontèrent l'Escaut sans presque rencontrer d'obstacles.

Regnier les joignit à Condé. Mais, n'ayant pu rassembler contre eux que ses hommes du Hainaut, les hordes normandes étaient si nombreuses et si formidables, que l'époux d'Albraïde subit plusieurs défaites.

Ne désespérant pas encore, Regnier se mit à faire la guerre d'escarmouches et d'embuscades. Il réunit les débris de sa petite armée et se fortifia dans les environs de Condé, faisant tous les jours des sorties et harcelant l'ennemi. A la suite d'heureux efforts, il prit un jour dans une embûche douze des principaux officiers de Rollon. Il espérait obtenir, pour la rançon de ces chefs, que les barbares n'iraient pas plus avant. Mais le lendemain il fut pris lui-même et conduit au camp des Normands.

Rollon, ce farouche conducteur des hommes du Nord, était alors un guerrier de trente ans, rude et endurci, un autre Attila, vivant aussi de rapine. Sachant les tendres liens de Regnier et d'Albraïde, il poussa un éclat de rire strident lorsqu'il apprit que les chances de la guerre venaient de séparer ces deux époux, et qu'on amenait à son camp le comte de Hainaut.

Albraïde reçut avec angoisse la nouvelle de la

prise de son mari. Elle se hâta d'envoyer à Rollon un homme sûr, chargé d'un message par lequel elle offrait de rendre les douze capitaines, en échange du comte de Hainaut. Rollon répondit :

— Va dire à ta maîtresse que je ne lui rendrai pas son mari, et qu'au contraire je vais lui faire trancher la tête si demain elle ne renvoie mes compagnons, si elle ne me livre sans réserve tout l'or et tout l'argent qui se trouvent dans sa province, si elle ne jure, en même temps, par son Dieu, qu'il n'est pas resté dans ses châteaux un seul meuble précieux, ni dans ses églises un seul vase servant aux cérémonies de son culte. J'exige de plus qu'on me fournisse, pour la nourriture de mon armée, une contribution en nature que je désignerai.

Le messager rapporta à sa maîtresse la réponse de Rollon. Albraïde, croyant à chaque seconde voir tomber la tête de son époux, ne respira que lorsqu'elle eut rempli toutes les conditions exigées. Elle renvoya sur-le-champ les douze chefs normands. A toutes les heures, elle faisait partir des chariots pleins d'objets précieux. On dépouilla tous les châteaux, toutes les églises du Hainaut, de ce qu'ils possédaient, sans exception, en or et en argent. La comtesse y joignit tous ses bijoux.

L'amour de ses sujets compléta la contribution en nature qu'imposait le duc des Normands.

Rollon fut étonné d'une tendresse si prodigieuse. Il y eut un mouvement généreux dans ce cœur de fer. Se prenant tout à coup d'estime pour celui qui avait su inspirer tant d'amour, il fit venir Regnier, qu'il n'avait pas vu encore, lui donna un cheval, et le reconduisit lui-même à Condé, où était Albraïde, ramenant à sa suite les richesses qu'il s'était fait livrer. La comtesse, apercevant une troupe nombreuse que précédait le bannière de son mari, confondue avec celle de Rollon, courut à la rencontre. Dès qu'il la vit, le Normand descendit de cheval.

— Voici ce que vous m'avez envoyé ; dit-il, je vous en rends la moitié ; et je ne vous quitterai qu'après avoir fait avec vous un traité d'amitié et d'alliance, que rien désormais ne pourra rompre.

Ce traité eut lieu en présence des officiers des deux chefs. « Duc Regnier, dit Rollon, soldat in-
» trépide, issu de l'auguste sang des rois, des
» ducs, et des comtes, qu'il y ait entre nous une
» amitié éternelle ! De ma part je la jure. »

Regnier répéta ce serment ; et la flotte normande descendit l'Escaut, abandonnant les côtes flamandes, que Rollon depuis respecta toujours, pour se jeter à l'embouchure de la Seine, sur cette partie de la Neustrie française à laquelle les Normands allaient bientôt donner leur nom.

LE NOMBRE QUATRE

> Le nombre quatre est bon, excepté dans la fièvre.
>
> TISSOT

Les nombres ont leur mérite et surtout leur influence, qui se sent moins aujourd'hui, mais qui autrefois faisait souvent oracle. On attachait surtout de l'importance aux nombres parfaits, comme trois, quatre, neuf. Le nombre douze était sacré à cause des douze signes du zodiaque et des douze mois; le nombre sept, à cause des sept planètes et des sept jours de la semaine.

Le nombre quatre, l'un des plus parfaits, se rattache aux quatre saisons, aux quatre temps. Il y eut les quatre-épices, les quatre-mendiants, et les quatre-semences froides. On fit entrer ce mot dans beaucoup de locutions usitées. Des savants se sont mis en quatre pour prouver que ce nombre était sacré, à cause des quatre éléments, des quatre points cardinaux, des quatre principaux vents, des quatre parties du monde, qui en a cinq, des quatre grandes monarchies, des quatre vertus cardinales, des quatre âges de la vie. Bernis fit un poème sur les quatre parties du jour. *Le diable-à-quatre* est une expression qui devint, — au dernier siècle, — le titre d'un opéra-comique. On divisa l'heure en quatre. Il y avait en Flandre les quatre métiers. Dans beaucoup de circonstances on va quatre à quatre. Il y a des choses qu'on ne dit qu'entre *quatre-s-yeux*. Le nombre quatre, qui prend ici un s, le prend encore d'une manière plus poétique dans la chanson de Marlborough :

> Je l'ai vu porter en terre
> Par quatre-s-officiers.

Ce sont deux curieuses exceptions, qui ne sont permises que là. Aussi l'estaminet des *Quatres-Nations* à Bruxelles fait une faute d'orthographe sur son enseigne. L'hôtel des Quatre-Fils-Aymon se montre à Paris plus grammatical. Nous ne parlerons du jeu des quatre-coins que pour faire remarquer qu'on l'appelle aussi le jeu du pot-de-chambre ; ce qui n'est pas très sensé.

Sans excepter complètement le roi de France

Henri IV, les souverains qui ont eu ce numéro se sont fait noter assez mal : Jean IV en Brabant fut peu de chose ; ainsi de Baudouin IV en Flandre, de Guillaume IV en Hainaut, de Charles IV en France, de Philippe IV en Espagne, Cependant l'empereur Charles IV donna la fameuse bulle d'or.

Il était de la maison de Luxembourg, vous le savez. Il avait cela au moins de particulier qu'il était à genoux devant son nombre quatre, qu'il le choyait et l'idolâtrait, qu'il ne trouvait rien de si beau, de si nombreux, de si noble, de si harmonieux, de si doux, et de si parfait. Il rangeait ses troupes sur quatre lignes, divisait ses armées en quatre corps, jurait par quatre, faisait quatre repas par jour, avait quatre palais, quatre chambres dans chaque palais, et dans ses quatre grandes salles d'honneur quatre cheminées, quatre tables, quatre portes, quatre lustres. Il portait une couronne à quatre branches, un costume à quatre couleurs ; il savait quatre langues.

Il épousa quatre femmes ; de Blanche de Valois il eut quatre filles, et d'Anne quatre fils, dont deux, Venceslas et Sigismond, furent empereurs après lui. Il était de bonne humeur le quatre du mois, et accordait ses grâces à quatre heures. Ses coches étaient attelés de quatre chevaux ; on lui servait quatre plats à la fois ; il buvait de quatre vins, et voulait qu'on lui fit quatre saluts.

Il poussa si loin cet amour pour le nombre quatre, qu'il divisa par quatre l'empire. Il institua quatre ducs ; savoir, de Brunswick, de Souabe, de Bavière, et de Lorraine ; quatre landgraves, de Thuringe, de Hesse, de Leuchtemberg, et d'Alsace ; quatre marquis, de Misnie, de Brandebourg, de Moravie, et de Bade-la-Basse ; quatre burgraves, de Merdebourg, de Nuremberg, de Reneck, et de Stromberg ; quatre comtes, de Clèves, de Schwartzemberg, de Saxe, et de Savoie ; quatre comtes-capitaines de l'empire pour la conduite des gens de guerre, savoir, de Flandre, de Tyrol, d'Aldenbourg, et de Ferrare ; quatre seigneurs, de Milan, de l'Escale, de la Mirandole, et de Padoue ; quatre grands abbés, de Fulde, de Kempten, de Weissemberg, et de Murbach ; quatre grands-maréchaux de l'empire, sires de Pappenheim, de Juliers, de Misnie, et de Vistingen ; quatre barons de l'empire, sires de Limbourg en Franconie, de Tockembourg, de Westerbourg, et d'Andelwalden ; quatre chevaliers de l'empire, sires d'Andelaw, de Meldinghen, de Strondeck et de Fronberg ; quatre grands-veneurs de l'empire, les sires de Horn, de Urach, de Schomberg et de Meisth ; quatre officiers heréditaires de Souabe en l'empire, l'écuyer tranchant de Walpurg, l'échanson de Radach, le maréchal de Mardoff, et le chambellan de Kemnat; quatre écuyers de l'empire, les sires de Waldeck, de Hirten-Fulchen, d'Arnsperg et de Ranbaw; quatre cités métropolitaines de l'empire, Augsbourg, Aix-la-Chapelle, Spire, et Lubeck ; quatre villes rustiques de l'empire, Cologne, Ratisbonne, Constance et Salzbourg ; quatre possessions de l'empire, Ingelheim, Alsdorff, Lichtenaw et Denckendorff ; quatre bourgs de l'empire, Aldenbourg, Meidebourg, Rothenbourg et Mecklembourg ; quatre villages de l'empire, Bamberg, Ulm, Haguenau et Schelestad ; quatre montagnes de l'empire, Munnerberg, Friberg, Heidelberg et Nurenberg. Cette division bizarre subsista assez longtemps.

La mort de Charles IV fut accompagnée pour lui de petites vexations. Il mourut à soixante-trois ans ; il eût voulu en avoir soixante-quatre, mais il en avait régné trente-deux ou huit fois quatre : ce fut une légère consolation.

2.

Il vit venir sa dernière heure en 1378 ; ce nombre le désolait. Dans son agonie, qui eut lieu le 29 novembre, il supplia ses quatre médecins de le conduire jusqu'au 4 décembre ; leurs efforts furent vains, il ne passa pas la journée. Mais il eut le plaisir d'expirer à quatre heures quatre minutes, après avoir dit adieu quatre fois à toute sa cour, rangée autour de lui quatre par quatre.

Vous vous serez tenu à quatre en lisant cet article ; c'est pourtant de l'histoire.

LES TRICHEURS

CHRONIQUE DES RUES DE GAND

> C'est bel à voir un coquin attrapé.
> SAINT-GELAIS.

ROMPER au jeu, telle est la définition que donnent du mot *tricher* tous les dictionnaires de la langue française. Un tricheur, dans ce sens précis, est un homme qui tente un peu la fortune, qui fait sauter la coupe des cartes, qui possède le talent d'attirer des as, qui s'entend avec un compère, qui emploie les dés pipés, qui vole plus lâchement encore que sur la grande route, car il vole ordinairement sans péril.

Cependant la signification du mot *tricher* s'est étendue hors des choses du jeu. On l'a appliqué à toute fourberie fine et calculée, quelquefois même à des tromperies plaisantes.

Un jour Denost dînait avec son prélat. Il y avait

une belle langue de carpe, que le prélat donna à Denost et à son voisin en disant :

— Je vous la donne à tous les deux.

Denost dit à l'autre :

— Cornu, jouons à croix ou pile qui l'aura. Que prends-tu ?

Cornu répondit :

— Je prends la croix.

L'autre dit :

— Et moi la langue ; et la mangea.

Vous connaissiez sans doute cette anecdote.

On a quelquefois appliqué, avec une bienveillance extrême, le terme de tricherie à la conduite rapace des tailleurs. Il est vrai que le besoin d'enlever quelque lopin de ce qu'on leur confie est devenu chez plusieurs d'entre eux une habitude telle, qu'ils s'en accommodent avec leur conscience et qu'ils ne la regardent pas comme un vol. Pour preuve, on cite ce petit trait :

Un tailleur était accoutumé, comme les autres, à se ménager en profit, sur chaque habit qu'il faisait, au moins une demi-aune. Un jour qu'il lui fallut travailler pour lui-même, il se mit à couper un habit pour sa taille. Son apprenti, qui le regardait faire, s'apercevant qu'il avait pris, tout comme à un autre, plus de drap qu'il ne lui en fallait, et qu'il se dérobait à lui-même la demi-aune d'usage :

— Y pensez-vous, notre maître, dit-il? C'est pour vous que vous travaillez.

— Laissez faire, répliqua le tailleur ; si je négligeais de prendre aujourd'hui ce profit sur mon propre habit, je pourrais demain l'oublier pour celui d'un autre : il ne faut pas perdre les bonnes habitudes.

Tricher n'est donc souvent que voler avec adresse. On donne aussi ce nom à l'action de ces hommes qui vendent les faveurs, qui trafiquent des dignités de l'État ; et il n'y a pas fort longtemps qu'en France on a vu des secrétaires d'Etat faire leur fortune par ce moyen, que le lecteur est libre de qualifier.

C'est dans ce sens qu'il faut entendre l'origine du nom de la rue des Tricheurs à Gand, rue qui, placée entre la grande Boucherie et la rue aux Draps, conduit à la rue des Selliers par un petit pont sur la Lieve. Quoique des traditions attribuent son nom à un tripot où l'on faisait des dupes au temps des troubles, il paraît constant qu'elle portait déjà le nom de rue des Tricheurs sous

Louis de Mâle ; ce nom serait dû à une anecdote. Quelques fabliaux français, et après eux des *novellieri* italiens, l'ont mise sur le compte de Philippe de Valois. Mais nous devons, serviteur de la vérité, la restituer à qui de droit.

Le comte de Flandre Louis de Mâle aimait la chasse au vol ; il entretenait une belle et nombreuse fauconnerie. A la suite d'une chasse, un de ses oiseaux se perdit ; c'était son faucon favori. Le comte fit publier, dans tout le plat pays, qu'il donnerait une grande récompense à celui qui lui rapporterait son faucon. Un bonhomme de Sotteghem eut le bonheur de le trouver. Il ne perd pas un instant, et le rapporte au château de Gand, où le comte Louis était alors. Il s'agissait de présenter l'oiseau au prince et d'obtenir la récompense promise. On n'abordait pas alors un souverain comme on aborde un homme ; et il était plus aisé de pénétrer dans la maison de Dieu que dans le palais d'un comte. Après quelques recherches, l'habitant de Sotteghem parvient à connaître les deux premiers huissiers du comte de Flandre. Ils habitaient la rue des Tricheurs, qui depuis eux porta ce nom à cause de la merveilleuse habileté avec laquelle ils trafiquaient de la moindre faveur du prince pour remplir leurs poches. Après s'être donné un air très important, les deux huissiers promettent au bonhomme leur protection ; ils étaient de service le lendemain ; ls s'engagèrent à lui procurer une audience, à condition qu'il leur donnerait la moitié de la somme dont le comte Louis devait le gratifier. Le Sotteghemois promit tout ce qu'on exigea de lui ; et le lendemain matin il est introduit devant Louis de Mâle.

En remettant au prince son faucon chéri, le bonhomme, interrogé avec bienveillance, raconte naïvement toute son histoire ; il ne cache pas le marché qu'il a fait avec les deux huissiers.

Le comte de Flandre sourit à ce récit, Quand il sut tout ce qu'il voulait, il fit appeler un officier subalterne, qui était l'exécuteur impassible de ses volontés les plus rigoureuses. Il lui ordonne aussitôt de se saisir des deux huissiers ; et, en présence de toute sa cour, il déclare qu'il destine cent coups de bâton à celui qui a retrouvé son faucon favori.

Le bonhomme, peu au fait des traits d'esprit qui éclatent par fois dans les cours, se mit à trembler de toutes ses forces, quoiqu'il pût voir que la figure du prince était pour lui personnellement sans colère.

— Etant instruit, poursuivit gravement le prince, que, par une convention faite, la moitié de la récompense doit appartenir à nos deux huissiers de service, nous ordonnons qu'en notre présence elle leur soit donnée consciencieusement et sur-le-champ.

L'arrêt de Louis de Mâle fut strictement exécuté. Chaque huissier reçut vingt-cinq coups de bâton, scrupuleusement appliqués. Ensuite le comte de Flandre fit grâce au Sotthegemois du reste de la gratification, et le renvoya.

Le pauvre homme se trouva soulagé dès qu'il se vit hors du palais. Mais à peine rentrait-il au cabaret où il avait couché qu'il reçut cinquante ducats d'or, avec lesquels il s'en retourna gaiement chez lui.

On ajoute que les deux huissiers, expulsés de la maison du comte, furent obligés de quitter le pays, ne laissant d'autre souvenir que celui qu'on donne à leur rue, et qui en français ne rend peut-être pas tout-à-fait le sens de l'expression flamande ; car *bedrieger*, qu'on a traduit par le mot *tricheur*, s'entend plutôt d'un fourbe, d'un trompeur, d'un agent de fraude et de supercherie. Il est vrai que tous ces ignobles vices naissent d'une source commune.

LE PENDU DE SCHENDELBEKE

> Un ennemi mort est encore
> dangereux.
> JOHNSON.

E village de Schendelbeke, à une petite lieue de Grammont sur la Dendre, a aussi ses souvenirs ; car l'histoire populaire a laissé partout quelques traces. Si nous cherchions bien, il n'y a pas de hameau, pas de champ peut-être, dans ces Gaules, que tant de guerres ont parcourues, qui ne présenterait sa chronique. Et partout, avec des Plutarques et des Cornélius-Népos, nous relèverions, à côté des traditions plus ou moins singulières, de grands hommes endormis, d'héroïques actions oubliées, qui nous permettraient d'établir un parallèle à notre avantage entre les anciens et nous.

Vous avez lu au collége, par exemple, l'histoire de ce soldat grec si vanté, de ce Cynégire, frère

Etienne de Saint-Moris.

du poëte Eschyle, qui, voulant retenir une galère sur laquelle des Perses fuyaient, saisit le câble de la main droite; et, comme on la lui coupa, il le prit de la main gauche, qui fut abattue aussi; alors il le saisit dans ses dents, et périt sans le lâcher.

Comparez à Cynégire Corneille Sneyssen, ce vaillant Flamand qui, en 1542, combattait si courageusement sous les murs de Gand, luttant avec une poignée d'hommes contre l'armée de Philippe-le-Bon, qui venait d'enlever Audenarde. Corneille portait la bannière du métier des bouchers. Déchirée de cent coups de lance, il en défendait les lambeaux de sa vaillante épée; et sa main gauche agitait le glorieux étendard, pendant que de sa droite il frappait sans relâche. Il avait étendu à ses pieds plusieurs braves. Un coup de hache lui brisa la jambe droite. Il s'appuya sur la lance de sa bannière et continua de combattre. Un autre coup lui cassa l'autre jambe; il tomba à genoux aussitôt et refusa de se rendre. Un chevalier lui abattit la main qui tenait l'étendard; il le saisit dans la jointure du bras, qu'il replia sur sa poitrine, et ne cessa pas encore d'agiter son épée.

Les seigneurs, ayant regret de tuer un si vaillant homme, lui offrirent la vie, qu'il dédaigna;

il acheva de la vendre et tomba entouré de morts.

Le trait que nous allons rapporter est d'un autre genre ; c'est un courage moins exalté ; mais ceux qui aiment les prodigieux faits d'armes ne repousseront pas celui-là.

Philippe-le-Bon, en 1453, continuant sa guerre contre les Gantois, vint assiéger la petite forteresse de Schendelbeke, défendue par deux cents rebelles. En avant du fort était une petite tour très haute, où vingt hommes décidés s'étaient enfermés seuls, résolus de se défendre jusqu'à la dernière extrémité. L'armée du bon duc s'empara assez promptement des fossés et des approches de la tour; mais il fallait enlever la tour elle-même, et les vingt Gantois qui la défendaient s'étaient abondamment munis de pierres et de pavés. On avait alors peu d'artillerie de campagne ; les canons étaient si lourds, dans les routes partout enfoncées, qu'on assiégeait toutes les petites places par l'ancienne méthode, laquelle n'employait que de l'intrépidité et de l'audace. Parmi les assiégeants, le sire de Montaigu, Jacques de Fallerans, Jean de Florey, Etienne de Saint-Moris, ne manquaient ni d'ardeur ni de témérité. Ils ordonnèrent aux archers de tirer sur la tour; et les flèches volèrent bientôt si serrées, que les vingt assiégés n'y purent tenir et qu'ils furent obligés de se cacher dans leur asile. Ils cessèrent donc de se montrer et poussèrent leur cri de détresse, espérant d'être secourus par leurs amis du fort, et comptant sur la hauteur de leur tour et sur l'épaisseur de ses murailles. Il n'y avait à la tour qu'une porte, qui était fort élevée au-dessus du fossé. Comme ils avaient brisé le pont-levis, ils comptaient que les assiégeants ne parviendraient pas facilement à la forcer. D'ailleurs, ils en confièrent la garde à un enfant de Gand, dont ils savaient l'habileté, le sang-froid, et le courage; c'était Michel de Jung. Ce jeune homme s'était posté derrière la porte avec sa pique noire; et, à travers un très petit guichet, il observait les mouvements de l'ennemi. Il aperçut bientôt qu'on apportait une échelle dans le fossé, et qu'on se décidait à monter pour rompre la porte. Il prit ses mesures. Jacques de Fallerans, en effet, venait de mettre le pied sur le premier échelon, et, faisant le signe de la croix, il avait pris une hache et montait. Mais, comme il étendait le bras pour frapper, Michel de Jung, passant sa pique par le guichet, lui porta un grand coup et le fit rouler dans le fossé. Ce coup muet produisit sur les chevaliers une sensation de colère. Etienne de Saint-Moris, cousin du déconfit, jura qu'il aurait raison du vilain.

— Ne montez pas, cria aussitôt le sire de Montaigu, qui avait des prétentions au talent de deviner, j'ai prévision que ce Gantois vous fera mauvaise aventure.

— Bah! bah! répondit Saint-Moris, je suis moins lourd que ce pauvre Fallerans; et d'un coup de ma bonne hache d'armes je suis sûr de couper la pique noire.

Il monta aussitôt, avisant les moyens de Michel de Jung et s'apprêtant à couper tout ce qui sortirait du guichet. Mais le Gantois prit son temps et lança sa pique si adroitement, qu'elle entra dans la visière du casque de Saint-Moris, lui creva l'œil gauche, et le jeta à terre en mauvais cas. Il se releva pourtant et voulut retourner à la charge. Montaigu l'en empêcha.

— Vous n'avez perdu qu'un œil, dit-il; rendez grâces au Ciel, car votre horoscope annonce que le fer d'une lance vous percera les deux yeux. N'y retournez donc plus.

Pendant qu'il disait ces mots, dix autres hommes d'armes montèrent successivement et furent pareillement renversés par l'infatigable Gantois. Alors le sire de Montaigu défendit formellement qu'on montât davantage à cette échelle. Il la fit ôter; et Jean de Florey, s'en emparant, alla la planter de l'autre côté contre la muraille, et fit avec sa hache une large brèche, tandis qu'on appliquait à la porte des fascines allumées, que les hommes d'armes soutenaient au bout de leurs lances. La porte prit feu; après trois heures de siége, les vingt assiégés déclarèrent qu'ils se rendaient. Suivant les usages de cette guerre, devenue guerre d'extermination, on les pendit aussitôt aux arbres voisins; le brave Michel de Jung, malgré ses faits hardis, ne fut pas plus épargné que les autres.

— Je suis bien aise qu'il en arrive ainsi, dit le sire de Montaigu en s'adressant à Saint-Moris, dont on venait de panser la blessure; car les dangers de votre horoscope finissent ici; et c'est de la main du même homme que vous deviez perdre les deux yeux. Mais le voilà pendu.

— J'en suis pourtant fâché, dit Saint-Moris; c'était un rude jouteur, et j'aurais voulu lui donner une mort plus digne d'un si vaillant champion. Pour le distinguer de ses camarades, lui qui a si chaudement renversé une douzaine d'entre nous, je demande qu'on lui donne un signe, afin que les passants l'honorent. Qu'on lui rende sa pique noire !

— Bonne idée, s'écria Jacques de Fallerans en frottant ses côtes meurtries.

Et tous ceux que Michel avait abattus ayant appuyé cette proposition, Jean de Florey appliqua son échelle à l'arbre où était pendu Michel. Il y monta, lui remit sa pique dans la main. Le pendu, qui ressentait les dernières convulsions de la mort, saisit avec vigueur le manche de la pique, et, le penchant vers la terre, il fit reculer les chevaliers. La contraction nerveuse qui lui avait fait reprendre son arme fut si violente, que par la suite on ne put la lui ôter.

Les hommes de Philippe-le-Bon mirent ensuite cinq jours pour enlever le petit fort de Schendelbeke, dont ils pendirent également toute la garnison ; après quoi ils allèrent à d'autres exploits. Michel de Jung resta à son arbre avec sa pique.

Un mois après, un soir qu'Etienne de Saint-Moris, après avoir largement dîné à Grammont, s'en allait rejoindre le bon duc, en paix avec les

Gantois ; comme il passait, un peu échauffé par le vin, devant Schendelbeke, il aperçut les pendus dont il gardait un bon souvenir. On les laissait pourrir en plein air, suivant la coutume.

— Vous allez voir, dit-il à ses compagnons, l'homme qui m'a crevé l'œil gauche, et qui, si Montaigu ne m'eût préservé, m'aurait, dit-on, rendu aveugle. C'était un solide batailleur, et j'ai regret de l'avoir laissé pendre. Mais, puisque le voilà, je veux lui rendre quelque honneur ; et, s'il vous plaît, mes amis, nous allons le mettre en terre : il n'est pas bien que les corbeaux se nourrissent des entrailles d'un si vaillant soldat.

— Mais qui le décrochera de là-haut ? dit un écuyer. Il doit puer en diable.

— C'est vrai, riposta Saint-Moris. Aussi je veux purifier son gibet en faisant avec lui une passe d'armes. Vous voyez qu'il tient toujours sa pique noire. C'est l'arme qui nous a renversés, douze étourdis que nous étions. Nous la lui avons laissée par distinction.

En achevant ces mots, Saint-Moris se trouvait tout juste en face du pendu. Il tourna son cheval vers lui, et, levant gaîment sa lance, il courut sur le cadavre desséché de Michel et le frappa. Ce mouvement fit tomber la pique noire si malheureusement, qu'elle creva l'autre œil du jeune fou.

— Puisque c'était mon horoscope, dit tristement Saint-Moris, je ne pouvais pas l'échapper..

Car en ce temps-là on croyait aux horoscopes.

BEAUDOUIN-LE-CHAUVE

> Magna res est amor.
> *De Imitat. Christi*, lib. III,
> cap. 5.

On a jugé bien diversement le deuxième comte de Flandre Baudouin-le-Chauve, fils de Baudouin Bras-de-Fer. Les uns l'ont loué outre mesure ; son épitaphe le présente comme le faîte et le comble de toute vertu, *culmen honestatis ;* les autres l'ont sans doute calomnié, en le déclarant assassin, cruel, et sacrilége. Les fautes qu'il fit avaient pour base deux sentiments louables : un ardent amour fraternel et une vive fidélité à son suzerain.

Baudouin Bras-de-Fer mourut, comme on sait, en 879. Il avait eu de Judith, son épouse chérie, trois fils : Charles, qui mourut enfant par la faute de sa nourrice, ce qui décida Judith à allaiter elle-même les autres ; Baudouin, qu'on surnomma le

Chauve, non qu'il fût marqué de calvitie, mais en mémoire du roi Charles-le-Chauve, père de Judith; ce fut lui qui hérita du beau comté de Flandre; Rodolphe, le troisième des fils de Baudouin Bras-de-Fer, eut pour sa part le comté de Cambrai, que son père avait obtenu dans la dot de sa femme.

Jamais, dit-on, on ne vit d'affection plus tendre que celle qui unissait les deux frères, Baudouin et Rodolphe, le comte de Flandre et le comte de Cambrai.

La terreur qu'inspirait Baudouin Bras-de-Fer avait, tant qu'il vécut, préservé la Flandre du ravage des Normands. Dès qu'il fut mort, les barbares se jetèrent sur le pays et le dévastèrent. Ils brûlèrent Thérouanne, pillèrent Tournai, s'emparèrent de Courtrai et de Gand, saccagèrent la plupart des villes, détruisant les églises et les monastères. Plusieurs fois Baudouin-le-Chauve et son frère Rodolphe marchèrent contre les hommes du Nord; ne pouvant opposer à leurs nombreuses armées des forces suffisantes, les deux frères furent souvent vaincus; mais ils se consolaient en combattant ensemble, en se protégeant l'un l'autre, en défendant au moins quelques parties de leurs États.

Pour se fortifier par une alliance, Baudouin demanda en mariage la princesse Elfride, fille d'Albert-le-Grand, roi d'Angleterre. Il l'obtint; car alors la Flandre était une souveraineté considérable. Rodolphe se réjouit de ce mariage, qui rehaussait le lustre de son frère.

Ils reprirent ensemble quelques avantages contre les Normands; et ils espéraient des jours meilleurs, quand des troubles intérieurs vinrent achever de plonger la France dans la désolation. Au moment où cette nation aurait dû plus que jamais être unie, pour résister aux Normands qui couraient ses côtes et s'avançaient jusqu'à Paris, les Français se séparèrent en deux factions. La première restait fidèle au roi légitime Charles-le-Simple; la seconde, en l'an 888, proclama roi des Français Eudes, comte de Paris; et des guerres civiles vinrent aussitôt ajouter leurs horreurs aux désastres que causaient les Normands.

Baudouin-le-Chauve, qui, par sa mère, se trouvait parent de Charles-le-Simple, et qui d'ailleurs lui avait fait hommage comme à son suzerain, prit chaudement le parti du roi légitime et de la race de Charlemagne.

Rodolphe, qui ne pouvait jamais et en rien

différer de sentiments avec son frère, marcha sous les mêmes étendards.

Apprenant bientôt que Herbert, premier comte de Vermandois, quoiqu'il fût aussi du sang de Charles-le-Simple, s'était déclaré contre lui, Baudouin-le-Chauve, pendant qu'il marchait à l'aide de son suzerain, détacha une partie de son armée, et envoya son frère à Saint-Quentin contre Herbert, pour l'empêcher de joindre ses forces à celles de l'usurpateur. Il doubla aussitôt sa marche, atteignit Eudes, l'attaqua, le vainquit, le mit en fuite, et lui fit plusieurs prisonniers.

Mais, comme il triomphait de cette victoire, il apprit que son frère, s'étant emparé de la riche abbaye de Saint-Quentin, avait été tué en combattant, par le comte Herbert.

Il pleura avec grande amertume et jura de venger cette mort. Il marcha de nouveau contre Eudes, le battit encore, et s'apprêtait à dévaster le Vermandois, quand, le roi Eudes étant mort, Charles-le-Simple redevint roi sans contestation, proclama la paix, et ordonna à tous ses vassaux de remettre leur épée dans le fourreau.

Baudouin obéit; mais il n'abandonna pas l'espoir de venger son frère. Les chrétiens un peu rudes de ces temps grossiers savaient vaincre un ennemi revêtu de la cuirasse ; ils ne savaient pas dompter leurs passions.

Baudouin gardait surtout une haine profonde à Herbert de Vermandois et à Foulques, prélat de Reims, qui s'étaient déclarés contre Charles-le-Simple. Il n'attendait que les occasions.

En 891, une nouvelle et plus terrible invasion des Normands vint obliger Baudouin à sacrifier pour un instant ses ressentiments personnels aux intérêts pressants de la patrie. Les hommes du Nord, ayant remonté la Meuse, dévastèrent tous les pays situés entre Aix-la-Chapelle et Liége ; puis ils se répandirent dans le Brabant, et se fortifièrent auprès de Louvain, sur les bords de la Dyle, pour y passer l'hiver. Toutes les peuplades flamandes, unies aux Allemands, commandés par Arnold, roi de Germanie, marchèrent alors contre la formidable armée des barbares. Baudouin y conduisit ses hommes ; la bataille de la Dyle se livra, bataille qui détruisit cent mille Normands et les chassa enfin de ces contrées.

Assuré maintenant d'une paix durable, Baudouin trouva de nouvelles distractions dans la nécessité de réparer les maux produits par les bandes du

Nord. Il entoura Bruges de murailles, fortifia ses portes, acheva le bourg ou château-fort que son père avait commencé. Il fortifia également Ypres et Sithiu, l'ancien *Portus Itius* de César, qu'il mit sous l'invocation de Saint-Omer et qui devint la ville de ce nom. Il munit de remparts Berg, qu'il plaça sous la protection de saint Winock. Il bâtit plusieurs églises ; il éleva une chapelle à sainte Pharaïlde, près du *S'Gravensteen* [1], à Gand ; il fit reconstruire l'église de Tronchiennes, que les Normands avaient brûlée. Il porta remède à tous les dégâts et fit de bonnes lois pour l'administration et la police de ses Etats.

Mais après quelques années de paix il retrouva dans son cœur le désir de venger son frère. Il commença par reprendre l'abbaye de Saint-Bertin, qui appartenait à Foulques, archevêque de Reims, et fit approuver sa conduite par Charles-le-Simple.

Fort de ce succès, il ne s'en tint pas là. Il rassembla rapidement une armée ; et, *toujours mémoratif de la mort du comte Rodolphe, son frère, que le comte Herbert de Vermandois avait défait et occis* [2],

[1] Château des comtes.
[2] Oudegherst, Annales de Flandre.

il entra dans les domaines d'Herbert et lui prit d'emblée la ville de Péronne.

Il ignorait que l'adroit Herbert s'était réconcilié avec Charles-le-Simple, dont il avait même su captiver toutes les bonnes grâces. Dès que Baudouin fut maître de Péronne, ce ne fut pas l'armée du comte de Vermandois, mais l'armée du roi qui marcha contre lui. Baudouin, qui avait des forces trop inégales et qui ne voulait pas tirer l'épée contre son suzerain, se retira aussitôt. Charles ne se contenta pas de rendre Péronne à Herbert. Pour punir le fidèle Baudouin il lui prit Arras, et donna à Foulques, dont il oubliait les torts, l'abbaye de Saint-Vaast.

Ce qui fit voir au comte de Flandre, comme dit Oudegherst, « qu'il ne faut pas être si chaud en
» matières de guerre, laquelle ordinairement est
» le naufrage de toutes bonnes choses et pro-
» duit une mer de tout malheur. D'une guerre
» s'en sème une autre, d'une petite une très
» grande, d'une de passe-temps une très cruelle,
» et en laquelle s'épand beaucoup de sang hu-
» main. »

Cependant Baudouin ne put apprendre sans indignation que l'abbaye de Saint-Vaast avait été donnée à Foulques. Comme il s'en plaignait cruellement un jour, disant qu'il eût tué ledit prélat, si ce n'eût été son caractère sacré, et ajoutant : Je n'ai pas d'hommes dévoués, car si j'en avais, ils me délivreraient d'une telle injure, — trois de ses guerriers qui l'entendirent crurent que c'était un reproche indirect qu'il leur faisait, et voulurent lui prouver leur dévouement. C'était Wincmare, Everard, et Radfroi. Ils s'en allèrent à Arras, où se trouvait Foulques, et le tuèrent.

Mais ils portèrent le châtiment de ce grand crime ; car ils furent excommuniés, séparés de l'Eglise, placés sous l'anathème, et contraints de s'enfuir devant l'horreur qu'ils inspiraient.

Baudouin, qui cependant avait obtenu de Charles-le-Simple la restitution de son abbaye de Saint-Vaast et de sa ville d'Arras, n'eut pas plus tôt appris la sentence terrible lancée contre les auteurs du forfait dont il avait été l'instigateur, qu'il s'en épouvanta. Il se hâta de repousser la part qu'on lui attribuait dans ce meurtre ; il se repentit sincèrement ; et, pour donner des preuves de son retour aux sentiments chrétiens, il se réconcilia avec Herbert de Vermandois, et maria son fils aîné Arnould avec Alix, fille d'Herbert.

Après cela, il acheva, dans la justice et les bonnes œuvres, le reste de sa vie, qui s'éteignit chrétiennement en 919.

Charles-le-Simple regretta cet homme dévoué. Quatre ans plus tard, Herbert ayant emprisonné ce roi de France dans Péronne même, Charles-le-Simple s'écria, dit-on : — Si Baudouin-le-Chauve vivait encore, ou si du moins je l'eusse laissé châtier Herbert, je ne serais pas dans les chaînes.

LE VENDREDI-SAINT DE L'ANNÉE 1440

> — Mais pourquoi vous révoltez-vous ?
> — Parce que nous nous révoltons.
> AUG. LAFONTAINE.

IL est reconnu que la plupart de ceux qui font des émeutes ne savent guère où ils s'arrêteront ; et que souvent, si on offrait de leur donner précisément ce qu'ils veulent, ils seraient embarrassés d'en formuler nettement l'expression. Mais on se monte la tête, et on fait des fautes. Je parle du temps présent, où les voies légales restent enfin tout entières à ceux qui ont des sujets de plainte ; et je ne prétends pas blâmer ces grandes insurrections, plus ou moins fondées, qui ont été l'*ultima ratio*, la der-

Un Klaperman en 1440.

nière ressource des peuples. Je n'oserai pas non plus condamner certaines révoltes de nos pères, lors même qu'elles n'étaient pas nationales, c'est-à-dire, lorsqu'elles ne se levaient que partielles; car autrefois, quand les lois se pétrissaient à volonté dans les mains du bon plaisir, quand la liberté n'était qu'une concession restreinte qui pouvait se retirer tous les jours, on conçoit que des hommes ardents, des hommes de progrès et d'avenir (style d'à présent) se soient hasardés comme une avant-garde chargée de manifester l'indignation populaire. Aussi ne jugeons pas, ne voulant ni la punir ni l'absoudre, la commotion qui eut lieu à Bruxelles le 17 mars 1440, trois jours avant le dimanche des Rameaux.

Il paraît que certaines exactions trop bien caractérisées de quelques magistrats, agissant comme officiers de monseigneur le duc de Bourgogne Philippe-le-Bon, avaient mécontenté assez vivement le peuple. Des hommes ardents se mutinèrent; et alors les timides conseillèrent au père de famille, à celui qui avait une jeune épouse, une mère inquiète, une fiancée en alarmes; à celui qui sentait qu'il était aimé dans ce monde, de ne pas se rendre à l'émeute; ils prévoyaient ce qui arriva : au bout de quelques heures la révolte fut dispersée; et tous les rebelles qu'on put prendre furent jetés en prison.

Rien ne rétablit l'ordre comme la peur. Tout était redevenu tranquille. Seulement des vieillards pleuraient; des mères se tordaient les bras; des femmes demandaient grâce; des enfants appelaient leurs pères; de jeunes filles désolées souffraient d'autant plus, qu'elles n'osaient trop manifester leur douleur.

Les prisonniers furent jugés en deux jours ; du moins en ce temps-là on expédiait. Les moins coupables furent bannis; les chefs, au nombre de cinq, condamnés à mort.

C'était rude.

Comme on entrait dans la Semaine-Sainte, leur exécution fut remise à la suite des fêtes de Pâques.

Parmi les jeunes filles qui pleuraient, vous eussiez remarqué avec pitié (mais vous n'étiez pas de ce temps-là) une pauvre servante, qui n'attirait pourtant guères l'attention. On ne la désignait que sous le nom de la Grosse-Marie; elle était laide et mal faite. Mais il y avait tant de bonté dans sa figure commune; elle avait une si belle âme; de

puis quinze ans (elle en comptait trente), elle
servait avec tant de courage chez un brasseur de
la rue Haute ; elle abandonnait tous ses gages
avec tant de vertu pour nourrir son vieux père,
que vous eussiez plaint la pauvre fille.

Sans doute, vous pensez qu'elle avait dans les
rebelles un fiancé? Oh! non; elle n'était pas de
ces jeunes filles qu'on recherche. Dans une condition comme la sienne, avec son cœur pieux et
sage, il faut bien des choses pour inspirer un attachement. Elle n'avait rien autour d'elle qui ressemblât à un futur. Mais elle avait un frère, un
frère plus âgé qu'elle de deux ans ; un frère mauvais sujet ; un frère qui, de son métier de garçon
tailleur (métier de fille, pourtant, comme le remarque si bien Alphonse Karr), eût pu l'aider à
soulager leur père, mais qui dissipait tout en folies ; un frère qui se croyait un homme, parce qu'il
avait la voix haute, le sang âcre, le regard effronté, et le poignet vigoureux, et qui était doué de
si peu de raison, que sa sœur disait souvent :

— Quand mon père ne sera plus, il faudra que je
donne mes gages à mon frère, car il ne sera jamais
heureux.

Avec tout cela, Marie chérissait son frère ; elle

excusait ses défauts ; elle priait pour lui tous les jours ; elle l'aimait ; et, si vous voulez en savoir la raison, c'est que Thomas Guys, tout vicieux qu'il était, chérissait au moins sa sœur. C'était sa seule qualité ; il l'aimait, la respectait, la protégeait ; elle était pour lui ce qu'eussent été à la fois une mère tendre et une fille dévouée, en même temps qu'une sœur affectueuse.

Elle alla le voir dans la prison, car il était un des cinq condamnés qui devaient mourir. Il ne l'avait pas volé, disaient les bonnes gens sans pitié. On devient dur lorsqu'on a eu peur. C'est que Thomas Guys, depuis un an, avait figuré dans tous les troubles, et qu'il était le plus ardent meneur de la dernière émeute.

Si vous voulez savoir comment Thomas était devenu si rebelle, vous en apprendrez la cause singulière. Il ne souffrait pas des exactions, ne payait pas d'impôts ; mais son ami le cabaretier grondait. Il avait donc pris parti ; il en voulait de toute la force de sa vivace rancune à trois des magistrats du prince. Or, pour se hasarder contre eux, il ne voulait pourtant le faire qu'à coup sûr. Dans cette pensée il avait cherché à découvrir, par des moyens surnaturels, quelle destinée attendait ses trois ennemis. Il était, comme toutes les têtes détraquées, superstitieux et crédule, dans le sens le moins bon. Suivant une opinion très répandue parmi le peuple flamand, celui qui va, la nuit de Saint-Marc, s'asseoir au portail d'une église, et qui peut s'y endormir de minuit à une heure, est favorisé de merveilleuses visions ; s'il s'est assoupi au murmure de la dernière heure et réveillé exactement au son de la première, parmi les fées qui se promènent et les lutins qui dansent, il ne manque pas de voir alors passer devant lui les âmes des gens de sa connaissance qui doivent mourir dans l'année.

Thomas s'attacha à ce mode d'interroger le sort. Il y avait alors à Bruxelles des klapermans, ou crieurs de nuit, qui annonçaient les heures. Il convint avec le klaperman du quartier de la Chapelle qu'il l'éveillerait fidèlement à l'instant même où une heure sonnerait ; et il s'endormit plein de confiance, sur le seuil de l'église vénérée qui s'appelle de nos jours encore la Chapelle, quoique le faubourg dont elle était l'oratoire soit entré maintenant dans la ville, et que l'humble chapelle de Notre-Dame soit devenue une des principales églises de l'élégante cité. Il eut sa vision ; et parmi

4.

les nains mystérieux et les follets il vit ou crut voir, dans les ombres qui passaient, les trois magistrats ses ennemis.

Il s'éveilla de lui-même, très agité, quand le timbre de la cloche sonna une heure à son oreille, agitée par le klaperman ; et il ne douta pas que les trois hommes pour lesquels il ressentait de si violentes antipathies ne fussent condamnés à périr dans l'année. Il s'imagina donc que toute émeute contre ces officiers du prince était assurée du succès ; et dans la dernière révolte, comme il ne restait que cinq semaines jusqu'à la Saint-Marc, époque où la prédiction devait être accomplie, Thomas n'avait pas douté que les trois magistrats dont on se plaignait ne dussent succomber : il s'était mis en avant avec intrépidité.

Il se trouvait donc très décontenancé de voir que, non seulement pas un cheveu de la tête de ses adversaires n'était tombé, mais que lui allait mourir, lui qui ne s'était pas aperçu dans la bande des âmes vouées à la mort.

Sa bonne sœur pleura sur lui ; et, sans rien comprendre à ce qu'il racontait de son désappointement, elle ne s'occupa que de chercher, dans son imagination peu étendue, les moyens de le sauver.

Mais, si son esprit lui offrait peu d'expédients, elle priait ; et la prière est puissante.

L'esprit tolérant et religieux des Pays-Bas offrait bien, en certains endroits, quelque ressource à la miséricorde, pendant la semaine où l'on entrait. Toutefois l'usage établi à Ypres depuis deux cents ans d'accorder la grâce à un coupable le Vendredi-Saint ne s'était pas formellement assis à Bruxelles ; il n'était pas devenu coutume ayant force de loi ; et pourtant Marie n'y songea que pour se livrer de tout son cœur à une espérance qui fut bientôt déçue.

Il ne lui restait qu'une ancre de salut. A Bruxelles (et cette cérémonie se faisait aussi à Courtrai), pour représenter d'une manière plus pathétique aux yeux des fidèles la douloureuse passion de Notre-Seigneur Jésus-Christ, on mettait un homme en croix le Vendredi-Saint. On prenait ordinairement parmi les malheureux condamnés à mort celui qui montrait les meilleurs sentiments ; et s'il ne succombait pas à la fatigue, on lui accordait la vie, après qu'il avait rempli un personnage si saint et si auguste, et figuré dans une cérémonie si délicate, que le Saint-Siége, au dix-septième siècle, crut devoir défendre ces représentations.

Marie fit avec ardeur toutes sortes de démarches pour obtenir que le choix du condamné tombât sur son frère ; et elle reconnut bien la vérité de ces paroles de l'Evangile : Que l'on gagne tout a persévérer. Le prieur des Dominicains de Bruxelles, chargé de désigner le coupable qu'on devait tirer de la prison pour le mettre en croix, eut compassion des angoisses de la bonne servante ; il voulut bien indiquer Thomas, tout en avouant à sa sœur que les fonctions qu'il allait remplir étaient dangereuses.

Le pauvre garçon, de son côté, ému de toutes parts, désillusionné, et touché de quelque grâce, lorsqu'il apprit la faveur dont il était l'objet, fit un profond retour sur lui-même. Il prit les plus sages résolutions et il les prit d'un cœur ferme. Il se confessa avec tant de repentir, qu'il mérita d'être admis à la table sainte. Dès lors il se prépara le mieux qu'il put à mériter vraiment sa grâce, ou, s'il succombait, à finir au moins de l'heureuse mort du chrétien, la seule qui soit douce.

Le Vendredi-Saint venu, on le conduisit à l'église des Dominicains. Il était escorté par les frères de la Miséricorde, ayant la figure voilée et traînant à leurs pieds des boulets et des chaînes ;

par des chevaliers et gentilshommes habillés de
noir, tenant des croix ou des flambeaux; il était
vêtu d'une longue robe violette. Des hommes, qui
avaient le costume de bourreaux et de Juifs, le
conduisaient, portant des marteaux et des clous.

En arrivant à l'église, on le fit monter sur un
échafaud; on le dépouilla de ses vêtements; on
tira ses habits au sort; on le flagella sans beaucoup
de ménagements; on lui fit mille outrages; on rappela sur lui toutes les douleurs, tous les forfaits,
toutes les ignominies de ce jour à jamais mémorable où le salut du genre humain fut racheté à un
si haut prix. Après quoi on l'étendit sur une croix,
haute de dix aunes, en lui attachant les pieds et
les mains avec des courroies sous lesquelles
étaient cachées de petites vessies pleines de sang,
qui devaient figurer les plaies des pieds et des
mains de Notre-Seigneur.

On avait construit auprès du jubé une sorte de
calvaire tendu de drap de noir; les instruments
de la passion attendrissaient encore cette décoration imposante et lugubre. C'est là qu'on éleva la
croix. Toute la représentation sanglante du déicide
s'accomplit gravement, au milieu des pleurs sincères de l'assemblée. Marie était devant le cruci-

fié, suivant d'un œil inquiet tous les mouvements de son frère, qui souffrait cruellement, mais qui souffrait en silence, pénétré de la pensée qu'il expiait quelques-uns de ses péchés. Elle avait tremblé lorsqu'on l'avait frappé du roseau, lorsqu'il avait reçu le soufflet d'une main gantelée, lorsqu'on l'avait flagellé; elle frémit lorsqu'on présenta rudement à sa bouche l'éponge trempée de fiel et de vinaigre; elle sentit ses genoux fléchir lorsqu'on lui effleura le côté de la pointe d'une lance qui fit jaillir le sang. Elle parut revivre lorsqu'on le descendit de la croix, et qu'elle se fut assurée qu'il était encore vivant.

Cependant on le mit dans le cercueil, qui se recouvrit du drap funèbre; et, porté par six religieux dans son étroite bière, il fallut que Thomas souffrît encore la longue et lamentable procession du Vendredi-Saint.

On gagna, selon l'usage formel, le Marché-aux-Herbes; et, — suivie d'une multitude de fidèles, la procession, chantant les hymnes de la douleur et de la mort, remonta lentement la rue de la Madeleine et la Montagne de la Cour, au bout de laquelle se trouvait, devant le palais qui occupait la Place-Royale, un vaste reposoir. Là seulement, quand le peuple se fut écoulé, Thomas redevint libre.

Sa sœur fut le premier objet qui vint à son aide, après ce qu'on appela avec raison sa résurrection; car il était devenu un homme nouveau ; et touché réellement de la grâce, sérieusement corrigé dans le fond du cœur, il vécut le reste de sa vie pieusement et saintement avec sa sœur dévouée, évitant courageusement le mal, qu'on ne fait que par lâcheté, et faisant le bien avec ardeur.

Il ne crut plus aux visions de la nuit de Saint-Marc.

C'est, dit-on, à cause de cette aventure, ou à cause d'un don qu'il fit, sur les épargnes de son travail, d'un tableau représentant le Sauveur chargé de sa croix, que la rue de Bruxelles, habitée par Thomas, s'est appelée depuis rue de Notre-Seigneur. Nous ne citons qu'à regret l'affreux changement de nom qu'elle subit en 1794, lorsque les commissaires de la république d'alors, proscripteurs qui parlaient de tolérance, lui imposèrent le nom de Voltaire, qui, à la vérité, disparut bientôt.

Ces spectacles de mystères redoutables, donnés autrefois dans les églises, ont été supprimés,

La foi de nos pères était pure. La nôtre est battue par les sarcasmes auxquels notre faiblesse donne prise. Tous rongés par la malice, nous avons besoin de ménagements extrêmes pour ne pas nous dissoudre. Devant des cœurs corrompus, devant des âmes sataniques comme notre époque en abonde, de tels spectacles prêteraient peut-être à la stupide malignité. Des cœurs plus simples les prennent au sérieux. La Grèce pleura à la représentation de Jésus-Christ, tragédie de saint Jean Chrysostome. Nos pères, qui nous valaient certainement, pleuraient aux mystères. C'est à la vue de la passion du Sauveur que Clovis, ému, s'écria : — Que n'étais-je là avec mes Francs ! — C'est à l'aspect de cette mort pleurée par un prêtre, dans un sermon du Vendredi-Saint, que le brave Crillon disait en saisissant son épée : — J'aurais été là seul, qu'ils ne l'eussent pas crucifié !

Mais, dans ces autres temps, le beau, le noble, le pathétique, le sentiment, l'âme, l'exaltation, étaient dans les hommes avec la foi ! Aujourd'hui il faut chercher tout cela dans les légendes.

Il est vrai que nous savons les mathématiques.

Pour mon compte j'attends toujours qu'on me montre ce que la dissection, la critique, et l'algèbre, ont fait pour le bonheur de l'humanité.

LE DIABLE PRÉDICATEUR

'EST ici une légende célèbre en Espagne et en Italie, et ce fait a exercé les poètes. Un drame en est sorti, cher aux Espagnols. Voici la tradition, avec les embellissements dont l'ont parée les écrivains. Le beau travail de M. de Viecastel sur le théâtre espagnol nous sera ici d'un grand secours.

Un jour que le prince de l'abîme, Lucifer, monté sur un dragon ailé, inspectait le monde sublunaire pour juger par lui-même du progrès de ses conquêtes, il eut de grands déboires, et s'en revint, le cœur gros, dans ses États sombres.

— Nous perdons tous les jours, dit-il tristement à un de ses fidèles. Je viens de voir un nouvel ordre religieux qui nous ruinera, si nous n'y prenons garde. On les nomme les Franciscains. Fils ardents d'un père qui nous a enlevé bien des âmes, ils sont si humbles, si chers aux peuples, si inabordables pour nous, que, si nous dormons, ces mendiants déguenillés ne nous laisseront plus un lieu où nous osions paraître. J'ai donc besoin, Asmodée, de toute ta souplesse. Ces hommes, sous leur règle sainte, mènent une vie apostolique. Cette règle n'a pas été établie par une simple inspiration d'en haut : Dieu lui-même l'a dictée à François ; et, lorsque François, ému de pitié pour ses successeurs, lui demanda où des êtres soumis à des faiblesses humaines puiseraient la force nécessaire pour observer les vingt-cinq préceptes dont elle se compose, préceptes si rigoureux, qu'aucun ne peut-être enfreint sans péché mortel : — Ne t'en inquiète pas, lui répondit le Seigneur ; je me charge de susciter ceux qui les garderont.

— Mais il n'a pas dit que tous sans exception seraient fidèles, interrompit Asmodée.

S'il l'eût dit, reprit Lucifer, tous nos efforts seraient vains. Pars donc pour l'Espagne, dirige-toi sur Tolède, qui en est aujourd'hui la principale cité ; jettes y les germes de l'impiété parmi les hommes d'une condition moyenne et dans le corps des marchands, auxquels ces moines doivent principalement les aumônes qui les font vivre ; empêche que la dévotion ne prenne racine dans leurs cœurs ; les Espagnols tiennent fortement aux impressions qu'ils ont une fois reçues Ne t'inquiète pas trop des riches ; leurs désirs immodérés agiront efficacement. Pour moi, je reste à Lucques, où je travaille à empêcher ces moines de conserver un couvent qu'ils y ont fondé. Déjà les habitants sont prêts à changer en mauvais traitements et en injures les aumônes qu'ils leur accordaient. Pars donc, et faisons en sorte que ce nouveau vaisseau de l'Église échoue contre les écueils impies et les cœurs rebelles. Quand on refusera aux Capucins le strict nécessaire, ils auront peine à se défendre des entraînements de la faiblesse humaine.

Asmodée obéit avec joie, et s'éloigna à l'instant. Nous ne savons pas trop ce qu'il fit à Tolède. Mais, à Lucques, le prince de l'enfer vit bientôt le plan qu'il avait conçu s'exécuter. Les bourgeois, cédant à ses suggestions, devinrent sourds aux prières des bons religieux ; les aumônes cessèrent complètement. Un certain Ludovic, le plus riche, mais aussi le plus impie des habitants de Lucques, se distingua surtout par la brutalité de ses refus. Le père gardien ne put ranimer la ferveur des fidèles. Poursuivi, menacé, il se vit même forcé de rentrer dans son couvent, dont les portes ne pouvaient presque plus le soustraire, lui et ses moines, aux outrages de la foule. Le gouverneur de la ville, entraîné lui-même dans la haine populaire, commença par engager les religieux à quitter un pays où l'on ne voulait plus les supporter ; bientôt il prétend les y contraindre. Privés de toutes ressources, épuisés par la faim qui les presse, le courage des religieux faiblit en effet ; et on parla de vendre les vases sacrés, d'aller chercher ailleurs une terre moins inhospitalière. Le père gardien, dont la pieuse fermeté avait jusqu'à ce moment résisté aux instances de ses frères, finit par chanceler aussi, et Lucifer triompha. Il se crut au moment d'atteindre le but qu'il s'était proposé ; mais sa joie ne fut pas longue. Tout à coup, à travers une clarté éblouissante, il entend une voix connue qui lui dit :

— Serpent infernal, je viens encore une fois humilier ton orgueil.

C'était l'archange Michel.

— Comment, reprit l'archange, sachant la promesse que le Créateur a faite à François, as-tu pu croire que tes fourberies perdraient ses religieux !

— Nul ne sait mieux que moi, répliqua Lucifer, avec une colère concentrée, que l'immense parole de Dieu ne peut manquer d'être accomplie. Mais la confiance de ces hommes peut faillir ; et, si elle n'est pas tout à fait détruite ici, elle est au moins fort ébranlée.

— Eh bien ! reprit Michel, tu déferas toi-même ton ouvrage. Pour punir ta faute, tu es chargé d'amener Ludovic à se repentir, à se soumettre, à réparer, à expier.

— Moi, lutter contre moi-même ! s'écria le démon avec fureur.

— Ce n'est pas tout ; il faut encore que tu construises un autre couvent, où, en dépit de toi, François comptera d'autres disciples.

— Qui ? moi ?

— Ne réplique point. Il faut que tu fasses ce que ferait François lui-même, s'il était encore ici. Entre dans son couvent ; reproche à ses moines d'avoir pu penser un instant à l'abandonner. C'est à toi désormais d'assurer leur subsistance, et de leur fournir les moyens de secourir leurs pauvres, comme le prescrit la règle que Dieu leur a dictée. Va donc, et jusqu'à ce que tu reçoives de nouveaux ordres, obéis. Tu apprendras à ne plus t'attaquer à François dans ses moines.

Le diable resta accablé. Il ne se réveilla de son morne désespoir que pour hurler contre la partialité du Très-Haut, qui, non content d'avoir donné aux hommes tant de moyens de résister à ses attaques, le forçait à se combattre lui-même. Mais les clameurs sont vaines, et vaine est la rage. Il faut obéir. Il prend en grinçant les dents un froc de Capucin, s'en affuble, compose son visage, et il se présente à l'improviste au milieu des religieux, qui se préparaient en pleurant à quitter leur retraite et à s'éloigner.

— *Deo gratias!* mes frères, dit-il en entrant.

— Que Dieu nous soit en aide ! Qui êtes-vous, demande le père gardien, et comment êtes-vous entré ici ?

— Il n'a pu entrer par la porte, dit un frère, je l'avais fermée.

— Aucune porte n'est fermée à la puissance divine, répliqua Lucifer. C'est elle qui, sans que j'aie pu m'y refuser, m'a amené ici d'un pays tellement éloigné, que le soleil lui-même ignore son existence ou dédaigne de le visiter.

— Votre nom ?

— Je m'appelle frère Obéissant Forcé. On me nommait jadis Chérubin.

— Mon père, dites-nous alors ce qui vous amène. Vos paroles, le prodige de votre entrée dans ce couvent, malgré la clôture des portes, nous remplissent de trouble et d'inquiétude. Je crains quelque piége de notre grand ennemi.

— Ne le craignez pas. C'est par l'ordre de Dieu que je viens ; c'est lui qui m'a chargé de vous reprocher votre peu de foi. Les soldats enrôlés sous la bannière du grand lieutenant du Christ doivent-ils abandonner lâchement la place qu'il leur a confiée ? Il y a deux jours à peine que l'ennemi vous tient assiégés, et votre confiance est évanouie. Ceux qui devaient résister comme des rocs inébranlables, ceux en qui la moindre hésitation peut devenir criminelle, reculent à la simple menace du danger ! Dieu a promis à votre père que le nécessaire ne manquerait jamais à ses enfants ; et vous pouvez vous rendre coupables au point de douter de cette promesse divine !

Le diable s'arrêta un moment sur ces mots. Une colère intérieure le suffoquait.

Il reprit bientôt :

— Ne savez-vous pas que, quand même il n'y aurait plus aucune pitié pour vous dans l'univers tout entier, les anges vous apporteraient la nourriture qui vous a été promise ? Le démon lui-même devrait le faire au besoin.

Les frères admiraient l'ardeur du nouveau-venu ; et le feu qui jaillissait de ses yeux pendant qu'il s'animait les frappait d'une sorte de stupeur.

— Mon père, dit alors le père gardien, je vois bien que vous êtes un envoyé de Dieu ; je le reconnais à l'empire que vos paroles exercent sur nous. Je sens que maintenant je mourrais de faim mille fois plutôt que d'abandonner la maison de notre père saint François.

— Il n'est pas un de ses vrais enfants, dit un autre moine, qui ne soit prêt à donner maintenant sa vie.

— Et tous se repentent, ajouta le frère portier, d'avoir hésité devant le danger un seul instant.

Le diable resta muet un moment. Il voyait avec rage que la faiblesse des pauvres moines devenait pour eux une occasion de s'acquérir de nouveaux titres à la faveur du Ciel. Il reprit avec effort :

— Mes frères, apaisez par des sacrifices le juste mécontentement du Créateur, qui vous porte tant de tendresse. Pour moi, je dois me charger de pourvoir à votre subsistance ; je serai votre aumônier.

— Vous ne trouverez plus d'aumônes dans cette ville, dit alors un frère.

— Détrompez-vous, répliqua le diable. Père gardien, ne craignez plus, et faites ouvrir vos portes.

— C'est un ange, s'écria le père gardien ; il faut obéir.

— Allez tous au chœur, dit encore Lucifer, et sachez que tant que je vous assisterai vous serez à l'abri des attaques de l'ennemi.

Après cette boutade d'orgueil, qui le relevait un peu, le diable, sentant bien qu'il devait s'exécuter, et désirant porter le froc le moins de temps qu'il pourrait, se mit chaudement à l'œuvre. Il parcourut la ville, où en un instant tout changea de face. Les aumônes arrivèrent de toutes parts au couvent, et en telle abondance, que du surplus des produits de la charité publique un autre monastère s'élève avec rapidité. Le prétendu moine se multiplie. On le voit partout à la fois, stimulant la générosité des fidèles, dirigeant la construction du nouvel édifice, pressant les ouvriers, faisant preuve en tous lieux d'une activité, d'une adresse, d'une force miraculeuses. Frappés de ces qualités extraordinaires, auxquelles se mêle dans l'inconnu quelque chose d'étrange et de mystérieux, les Capucins se demandent qui il peut être. Quelques-uns, à son ton d'autorité et à une certaine âpreté de langage, le prennent pour le prophète Élie. Le père gardien, qu'une révélation divine a instruit de la vérité, conseille à ses frères de ne pas chercher à pénétrer les secrets du Ciel, et de se contenter d'obéir aux ordres de celui en qui ils ne peuvent méconnaître un envoyé de Dieu.

« Le rôle du père gardien, dans le drame espagnol, est d'une grande beauté, dit avec raison M. de Vieilcastel. La simplicité, l'abnégation du moine, se réunissent en lui à la fermeté calme et prudente sans laquelle il n'est pas possible de diriger utilement d'autres hommes. Il y a entre lui et Lucifer une scène remarquable.

— Père Obéissant, le couvent que vous construisez est-il bien avancé ?

— Il est achevé.

— Entièrement ?

— Il ne reste plus qu'à le blanchir.

— La rapidité de cette construction me surprend, je l'avoue.

— Il y a pourtant cinq mois qu'on en a posé la première pierre, dit Lucifer amèrement ; et ces cinq mois m'ont paru cent années. Je n'y ai contribué que par ma présence assidue aux travaux, en cherchant l'argent nécessaire, et en traçant le plan de l'édifice ; mais, si le Créateur me l'eût permis, j'eusse fait en moins de cinq jours plus que cent hommes n'ont fait en cinq mois.

Le père croit sage de ne pas avoir l'air de comprendre, et il répond simplement :

— Je vous crois ; mais Dieu ne fait pas de miracles sans nécessité.

— Ce miracle, je l'aurais fait à moi seul ; je suis assez puissant pour cela, si Dieu ne m'en eût empêché.

— Je sais qui vous êtes. Vous n'avez pas besoin de me le faire entendre. Et je sais aussi que votre puissance n'égale pas celle de notre père saint François.

— Père gardien, la faveur dont votre père jouit auprès du Roi du ciel fait toute sa force ; et, sous ce rapport, elle est grande, je l'avoue. Mais ce n'est pas une puissance véritable que celle qui a besoin de recourir à la prière.

— Quelle est donc la puissance qui ne procède pas de Dieu?

— N'argumentons pas, soyez humble; auprès de moi, le plus savant en sait bien peu

— Je n'en ai jamais douté; mais il n'est pas moins vrai qu'avec toute sa puissance, avec toute sa science, celui qui me parle n'a pu atteindre l'objet de ses vœux les plus ardents.

— Non! Eh bien! mon père, pourquoi pensez-vous donc que Dieu me punit?

— Pour votre intention.

— Père gardien, vous êtes un bon religieux; mais votre intelligence est faible. Lorsque je suis venu vous trouver, vous et vos moines, n'étiez-vous pas résolus à abandonner lâchement le couvent? En ce qui vous concerne, j'avais donc atteint mon but, puisque le Créateur ne s'est interposé que lorsqu'il vous a vus vaincus. Rendez-lui donc grâce de sa miraculeuse intervention; mais croyez que si vous aviez eu plus de courage, mon châtiment serait moindre.

— C'est en toute justice que vous m'avez humilié.

— Je suis condamné à faire ce que ferait François, s'il vivait encore. Jugez s'il était possible de m'imposer une mortification plus douloureuse, sans compter l'ignominie d'être contraint à me couvrir de sa bure.

— Jamais vous n'avez été plus honoré depuis que vous êtes tombé du ciel.

— L'orgueil vous aveugle et vous fait perdre la mémoire. Oubliez-vous donc votre origine? ignorez-vous que vous êtes sorti de la boue et de la poussière?

— Je ne l'oublie pas : je sais que Dieu a formé le premier homme de ses propres mains, avec un peu de terre ; mais la création de l'ange lui a coûté moins encore, puisque d'une seule parole...

— Laissons cela, de telles matières ne peuvent être traitées entre nous : vous les ignorez, et il ne m'est pas permis de vous répondre. Quand voulez-vous que nous commencions la fondation nouvelle?

— Sur-le-champ, si vous le trouvez bon.

— C'est ce que je désire. Quels sont ceux des frères qui y travailleront?

— Je ne puis les désigner ; c'est à vous qu'il appartient de les choisir et d'en fixer le nombre. Mon devoir est seulement d'exécuter tout ce que vous aurez ordonné.

— Quelle hypocrite humilité! Mais le temps viendra bientôt où on le verra passer d'un extrême à l'autre.

— Dieu permettra que vos artifices nous fournissent de nouvelles occasions de mériter sa grâce.

— Si Dieu y intervient, cela sera facile sans doute. Autrement je sais par expérience comment vous combattez.

— J'avoue que je ne suis que poussière.

— Allez paître vos brebis. Je les vois qui attendent leur pasteur. Prenez garde qu'il ne s'en égare quelqu'une ; elle pourrait se perdre.

— Ce soin serait superflu de ma part. C'est à vous de les garder s'il survient quelque danger, puisque Dieu ne vous a envoyé parmi nous que pour être le chien de garde de son troupeau.

— Il le faut bien, s'écrie Lucifer. Mais un jour viendra où, le berger et moi, nous nous verrons d'une autre façon.

» Il y a, dit M. de Vieilcastel, quelque chose d'éminemment dramatique dans cet étrange dialogue, où le ciel et l'enfer, forcés, pour ainsi dire, d'exister un moment à côté l'un de l'autre, de suspendre leurs hostilités, de concourir au même but, se dédommagent d'une aussi pénible contrainte par un assaut d'ironie amère si profondément empreint de leur insurmontable antipathie. C'est une très belle idée, imparfaitement esquissée, il est vrai, par l'auteur espagnol, que de montrer la simplicité d'une âme ferme, pure et religieuse, luttant contre toutes les ressources du génie infernal, et le déconcertant même quelquefois par la seule force de la vertu et de la vérité. Ce qui, dans le texte, ajoute encore à l'effet de cette scène, mais ce que nous n'avons pu transporter dans la traduction, c'est que les deux interlocuteurs ne se parlent qu'à la troisième personne. Cette forme, autorisée par le génie de la langue espagnole, donne à leur entretien une teinte vague et mystérieuse parfaitement appropriée au sujet.

» Cependant Lucifer, en raffermissant le courage des religieux, en leur élevant un nouveau couvent, en réchauffant la ferveur du peuple de Lucques, n'avait accompli qu'une partie de sa tâche. Michel lui a aussi prescrit de convertir le mauvais riche Ludovic. Mais ici tous les efforts du démon échouent contre l'avarice de cet homme pervers, contre son impiété, et surtout contre la haine particulière qu'il porte à l'ordre de Saint-François. L'éloquence de Lucifer le trouble, l'effraie, le remplit d'une sorte de respect dont il ne sait comment se rendre compte ; mais rien ne peut le déterminer à se départir de la moindre parcelle de son immense fortune. Il vient de se marier. Sa jeune femme, Octavie, douce, charmante, pieuse, forme avec lui un grand contraste. Avant de l'épouser, elle avait donné son cœur à un homme plus digne d'elle. Forcée de renoncer à lui, elle se consacre désormais tout entière à l'indigne époux que ses parents l'ont forcée d'accepter ; elle ne se permet ni un regret ni un souvenir. Néanmoins la jalousie de Ludovic ne tarde pas à s'éveiller, et dans son emportement il se résout à donner la mort à la malheureuse Octavie. Avertie, par plusieurs indices, du sort qu'il lui prépare, elle se refuse à fuir : elle croirait se rendre coupable. Le scélérat l'attire dans un lieu écarté où il espère pouvoir cacher son crime ; il la frappe d'un coup de poignard : elle tombe en invoquant la sainte Vierge. Lucifer, qui avait ordre de la sau-

ver, mais qui n'a pu y parvenir, est auprès d'elle ;
il reconnaît bientôt qu'un prodige va s'opérer. —
Elle est morte ; et cependant, dit-il, son âme n'est
ni montée au ciel ni descendue dans l'enfer, et
elle n'est pas non plus entrée dans le purgatoire.
— Tout à coup, au son d'une céleste harmonie,
la Vierge sainte apparaît au milieu d'un chœur
d'anges ; elle s'approche d'Octavie et la touche de
ses mains. Le seul Lucifer la voit. A l'aspect de
celle qui a brisé son empire, de douloureux sou-
venirs s'agitent en lui ; il sent plus vivement les
angoisses du désespoir éternel ; et pourtant, sub-
jugué par une puissance surnaturelle, il se pros-
terne, il gémit de ne pouvoir s'associer au culte
que l'univers rend à la Mère de Dieu ; il célèbre
comme involontairement ses perfections infinies,
sa puissance illimitée, les récompenses qu'elle ac-
corde à ceux qui lui ont voué une dévotion particulière. Ses transports, le tremblement qui l'agite,
le feu qui sort de ses yeux, les paroles entrecou-
pées qui s'échappent de sa bouche, étonnent et
épouvantent un moine présent à cette scène,
mais pour qui l'apparition céleste est restée non
avenue. Le miracle est enfin accompli ; la Vierge
s'éloigne, et Octavie ressuscite.

» Irrité, mais non persuadé par ce miracle, Ludovic persiste dans son impiété. Vainement Lucifer tente un dernier effort pour le convertir; vainement il lui annonce la mort qui le menace, la damnation qui doit la suivre et qu'une aumône faite à saint François peut détourner. Ludovic, averti qu'il n'a plus qu'un moment pour se repentir, brave encore la puissance divine. Au signal enfin donné par saint Michel, Lucifer s'empare de sa proie, et Ludovic disparaît au milieu des flammes. Le démon croit avoir accompli toute sa mission ; déjà il vient de rejeter le froc qui pèse tant à son orgueil ; mais saint Michel lui déclare qu'il lui reste encore à faire restituer aux pauvres tout ce que leur a dérobé le scélérat qui vient de périr. Pour exécuter ce nouvel ordre, Lucifer appelle un de ses lieutenants. Astaroth prend la figure de Ludovic, fait convoquer tous ceux qui ont à se plaindre de ses spoliations, et leur partage ses richesses. Lorsque cette œuvre de réparation est terminée, Lucifer, dépouillant enfin le costume monacal, raconte en peu de mots, au peuple accouru de toutes parts sur le bruit de la prétendue conversion de Ludovic, les étranges évènements qui viennent de se passer. — Demain, dit-il, le père gardien, qui a tout vu, à qui Dieu a tout révélé, vous donnera, dans un sermon des explications plus complètes, Et maintenant, François, la trève est expirée entre tes enfants et moi. Je redeviens ton ennemi. Veille sur eux : puisqu'il ne m'est pas permis de les priver de leur subsistance, c'est en attaquant leur vertu que je satisferai ma haine. . . . .

» Ainsi se termine le drame du *Diable prédicateur.* »

Rochus présenté à la duchesse Alix.

UNE ANECDOTE D'ALIX DE BOURGOGNE

> Mes bons seigneurs, donnez des fêtes ;
> Tous les marchands vous béniront.
> FUSELIER. La Foire Saint-Laurent.

'ÉTAIT une noble dame que la princesse Alix de Bourgogne, veuve de Henri-le-Débonnaire, duchesse douairière du Brabant ; et pourtant, ce ne fut pas sans peine qu'elle obtint la tutelle de ses fils et le gouvernement du duché. Le seigneur Henri de Thuringe, frère du duc défunt, et le seigneur Henri de Gaesbeck, son cousin, eussent bien voulu s'emparer de cette tutelle, qui les eût en quelque sorte rendus maîtres du pays ; car le prince héréditaire était bossu, frêle, malingre, et quelque peu imbécile. Mais Alix, qui avait des partisans, était parvenue néanmoins à se faire nommer tutrice, avec deux conseillers seulement : les seigneurs Godefroid, sire de Perwez, et

Walter Berthold, seigneur de Malines, lesquels ne l'entravaient point.

Elle gouvernait donc, admirée pour son habileté et sa droiture, mais se faisant des ennemis pour les exactions que commettaient ses officiers. Ces hommes vendaient les places, comme il s'est fait avant et depuis, et comme en divers lieux il se fait encore ; et, chargés de faire rentrer les revenus de la duchesse, ils extorquaient de chacun plus qu'il n'était dû, s'enrichissant ainsi aux dépens du peuple. Plusieurs fois des plaintes avaient été adressées à la duchesse régente. Honnête et pieuse, elle refusait de croire l'iniquité dans les hommes choisis qu'elle honorait de sa confiance; fière ensuite, élevée dans l'opinion que le peuple était fait pour les souverains, elle n'attachait pas assez de prix aux doléances populaires. Ne la condamnons pas; elle était de son temps.

Dans de telles circonstances, une réunion tumultueuse s'agitait au cimetière de Sainte-Gudule, après la messe de l'Ascension de l'année 1266. Parmi les clameurs, un jeune homme ouvrit un avis; c'était Rochus van Velden, armurier de Bruxelles très renommé. Les Templiers, qu'il fournissait d'armures célèbres, l'avaient logé dans leur enceinte. Il faisait des cuirasses à la fois impénétrables et légères, des casques d'acier que la plus lourde épée à deux mains n'entamait pas, et des lames aussi fines que les cimeterres de Damas et les dagues de Tolède. Il avait de joyeux ciseleurs qui, en raison des sommes payées, ornaient de figures, de guirlandes, et de capricieuses arabesques, ces instruments d'offense et de défense. Tous les bourgeois de Bruxelles tenaient à être armés par Rochus, à cause de sa popularité; c'était à lui que la duchesse s'était adressée pour les armes de ses trois fils, Henri, Jean, et Godefroid. Aussi, quoiqu'il n'eût que vingt-six ans, Rochus van Velden était-il déjà un riche bourgeois.

— Mes compères, dit-il, il est vrai que les hommes de la duchesse malversent, et nos réclamations sont justes; mais elles manquent d'autorité : il y a encore trop de chemin, de simples hommes comme nous à une duchesse souveraine. Adressons-nous à quelqu'un de ceux-là que leur dignité et leur science font asseoir à la table des rois, en même temps que leur humilité évangélique les amène plus souvent encore dans la cabane du pauvre. Allons trouver Thomas d'Aquin; c'est un saint et un docteur. Il est l'ami du roi de France;

la duchesse Alix le révère. Nous le possédons en ce moment ; car il est, à ce qu'on m'a dit, à l'abbaye d'Afflighem. Je vous assure que nous aurons raison.

Le bon sens public accueillit un tel avis ; une députation fut nommée aussitôt ; Rochus la présida ; il partit ce jour même pour Afflighem.

Thomas d'Aquin écouta avec intérêt la requête des bonnes gens de Brabant ; son intervention était acquise à tous les opprimés.

Pénétré de cet axiome, que le bien qu'on peut faire n'est pas complet s'il est différé, il ne remit pas au lendemain l'assistance qu'on attendait de lui. Ne pouvant à l'heure même se rendre à Bruxelles, il donna à Rochus, pour la duchesse, une lettre pleine de bons conseils. Il y disait, entre autres choses, que les princes étaient établis par Dieu même, non pour leur propre avantage, mais pour l'avantage du peuple ; que les plaintes dédaignées par les souverains se dresseraient un jour contre eux au tribunal de Dieu ; que le dernier des sujets de la duchesse devait être à ses yeux l'égal du premier ; qu'il la blâmait de souffrir les exactions ; qu'il la trouvait répréhensible d'écraser les Juifs comme elle faisait ; qu'il l'engageait enfin, au nom de son salut, à faire restituer par ses officiers tout ce qu'ils avaient extorqué, sous quelque prétexte que ce fût.

La duchesse reçut cette lettre avec des sentiments qui font sa louange. Elle ne lutta pas un instant contre la vérité; elle relut deux fois la missive ; puis se recueillant, elle remercia Rochus de sa démarche, s'occupa sur-le-champ de redresser tous les griefs, de faire réparer les torts, et reconquit ainsi ce qu'elle avait perdu des affections de son peuple.

Se voyant alors plus affermie, elle voulut exécuter un plan qu'elle avait conçu, celui de faire déclarer Henri, son fils aîné, inhabile à succéder au duché, et de faire proclamer duc son second fils, Jean, jeune prince plein de cœur et de mérite, plein d'honneur et de vaillance. C'est lui qui devint plus tard Jean Ier, Jean-le-Victorieux, le héros de Woeringhen, et qui réunit le Limbourg au Brabant. Il promettait déjà tout ce qu'il tint par la suite.

Le projet d'Alix, dérangeant l'ordre direct de succession auquel on était habitué, exigeait le consentement des villes; elle comptait bien triompher partout, excepté à Louvain, qui lui était contraire. Louvain alors était encore la principale ville du Brabant ; et même c'était dans son sein que les états des villes devaient être convoqués pour la grande mesure dont il s'agissait. Mais cette ville opulente, occupée par une nombreuse population de drapiers, était tumultueuse et indocile ; ses riches habitants se divisaient depuis quelque temps en deux partis, qui se faisaient entre eux de petites guerres, et qui se réunissaient ensuite pour contrecarrer la régente à toute occasion. Alix n'osa donc indiquer à Louvain sa réunion ; elle l'assigna à Cortenberg, y invita les principales cités, et fit prier poliment Louvain d'y envoyer ses représentants.

L'assemblée eut lieu le 23 mai 1267. Bruxelles, Anvers, Lierre, Tirlemont, Jodoigne, Léau, et Gembloux, s'y rendirent ; mais Louvain n'y vint pas. Là Henri de Brabant déclara que, voulant à cause de ses infirmités se retirer au monastère de Saint-Etienne de Dijon, il renonçait solennellement et volontairement à la souveraineté, et cédait la succession de son père à son frère Jean.

A l'exception de Louvain, tous les barons du Brabant et les représentants de toutes les villes se trouvaient présents. On y voyait aussi l'évêque de Cambrai, l'abbé d'Afflighem, l'abbé de Villers, l'abbé du Parc, et dame Isabelle, abbesse de Nivelles.

En revenant de cette tenue des états, — car ce terme est employé par van Heelu et c'est la première fois qu'il paraît dans notre histoire, — Alix n'était pas satisfaite; elle redoutait les Louvanistes. Subitement elle s'avisa; elle fit venir Rochus l'armurier.

— Vous qui êtes si prompt, lui dit-elle, à nous rapporter des semonces, dont au reste nous vous savons gré, ne seriez-vous pas disposé, en loyal sujet, à nous rendre un bon office?

— De tout mon cœur, madame.

— Il nous a été rapporté que vous connaissiez fort maître Vervloet, de Louvain, le riche drapier.

— C'est vrai, répondit Rochus avec un soupir.

— Nous savons même ce qui vous fait soupirer, reprit la duchesse en souriant. Vous recherchez Ida, sa fille unique; et maître Vervloet ne vous accueille pas encore. Mais songez-vous, jeune homme, que vous vous adressez haut? Toutefois maître Vervloet vous estime et ne vous repousse point. S'il vous faut donc un peu d'aide, nous vous promettons notre appui en ce qui vous tient le cœur, quand vous aurez fait ce qui nous touche. C'est d'aller trouver maître Vervloet, qui vous sait homme de sens, et de l'amener à notre parti. Il est le plus influent des bourgeois de Louvain; s'il est à nous, il fera de sorte que la ville reconnaîtra l'acte de Cortenberg; et nous n'aurons plus qu'à nous occuper du dehors.

— Il est vrai, comme vous le dites, madame, reprit Rochus, que pour la jeune Ida je ferais tout au monde. Je vais tenter la mission que vous me donnez; et je retiens votre promesse.

— Vous pouvez y compter, dit la duchesse; et vous-même, si vous réussissez, fixerez le secours dont vous aurez besoin.

Muni des instructions de la régente, Rochus partit pour Louvain. Il alla trouver d'abord le sire de Wesemaele, qui tenait pour les Louvanistes et qui avait grand crédit dans la ville. Lui ayant promis quelques bonnes grâces de la cour, il le conquit. Aidé de lui, il séduisit maître Vervloet, par le chapitre des intérêts.

— Avec un duc maladif, comme celui que vous soutenez, dit-il, nous n'aurons ni cour ni fêtes; et vous ne vendrez pas vos draps; tandis que le duc Jean est brillant; il aime l'apparat et le luxe:

il donnera des carrousels ; bientôt il se mariera, et les noces seront belles. D'un autre côté, voulez-vous lutter seuls contre tout le duché ? En troisième lieu, plusieurs des priviléges de Louvain sont douteux ; le duc Jean les reconnaîtra tous par une charte en bonne forme.

Maître Vervloet s'ébranlait. L'armurier ajouta :

— Si la duchesse vous adresse ces propositions par un messager aussi obscur que moi, c'est qu'elle veut vous laisser l'honneur des stipulations et la gloire de la paix que vous pouvez rendre au pays...

La diplomatie de Rochus triompha. Maître Vervloet décida ses compères ; et la ville de Louvain adhéra à l'acte de Cortenberg, en déclarant qu'elle agissait uniquement dans le désir de ramener la paix. Néanmoins, quand le duc Jean fit son entrée à Louvain, le 29 juin suivant, jour de Saint-Pierre, qui est le patron de la ville, on eût bien soin de lui faire signer la charte où il confirmait tous les priviléges de la cité, et de faire cautionner sa signature par celles de Walter Berthold, des sires de Diest et de Wésemaele, et par le sceau de la ville de Bruxelles.

Content de son succès, Rochus, qui était sûr

du cœur d'Ida, se remit à assiéger plus vivement le cœur moins tendre de maître Vervloet. Celui-ci ne rebutait pas l'armurier; mais il reculait sans cesse la bonne réponse qu'on attendait de lui. Il dit enfin à Rochus :

— Je vous trouve convenable et assez riche, moyennant surtout la promesse d'Alix, dont j'espère que vous tirerez parti. Mais je dois vous déclarer une résolution qui fixera vos incertitudes; c'est que je ne marierai pas ma fille avant le jour où se feront les noces du duc Jean. Vous remettrez à la même époque la demande de l'aide qu'on vous doit, et dont nous parlerons alors....

Rochus dut prendre patience. Tous les mois il allait voir sa chère Ida, et ne rêvait plus qu'au mariage du jeune duc, qu'il voyait avec joie grandir et se développer. La duchesse formait des vœux qui s'accordaient avec les siens. Elle sentait qu'elle avait besoin d'appui au dehors; et Rodolphe de Hasbourg, élevé à l'empire, étant venu à Aix-la-Chapelle pour recevoir la couronne, elle y envoya son fils Jean, qui, en retour de l'hommage qu'il rendit à l'empereur, fut confirmé par lui dans son titre.

Après cela, considérant que Jean avait dix-sept

ans et lui cherchant une haute alliance, Alix fit demander pour lui la princesse Marguerite de France, fille du saint roi Louis IX. La bienveillante amitié de Thomas d'Aquin, que Louis IX vénérait, lui fit obtenir cette pieuse princesse, fille d'un roi que toute l'Europe admirait et d'une reine qui était le modèle des femmes et des mères. C'était en l'année 1269.

Les apprêts des noces furent splendides ; tout le pays les saluait avec allégresse. Mais personne n'applaudissait de plus grands cœur que Rochus.

— Maintenant, lui dit maître Vervloet, ce n'est plus moi, mon fils, qui retarderai votre union. Vous pouvez vous marier huit jours après le duc. J'y consens. Il s'agit seulement d'obtenir l'assistance que la duchesse vous a promise. Nous ne sommes pas gens à solliciter une somme. Fi donc ! Mais vous demanderez à la régente cette simple faveur, que le duc Jean assiste au bal de votre noce, dans ma maison, et qu'il ouvre les danses avec ma fille.

— Quelle fantaisie ? s'écria Rochus. Un honneur si grand et si peu usité !

— Ce n'est pas l'honneur que je cherche là-dedans. C'est une idée. Je ne veux pas déranger les affaires de mon commerce en en retirant la dot de ma fille. Je ne veux pas vous la donner sans dot. J'ai un moyen de faire cette dot sans me gêner : ce moyen, c'est le bal. Obtenez donc ce que je dis et faites vos dispositions ; le reste me regarde.

Or voici quelle était l'idée du riche drapier.

Trois ans auparavant, pendant les troubles intérieurs de Louvain, il avait fabriqué, sur un dessin nouveau, une immense quantité de draps qui n'avaient pas plu et que personne n'avait achetés. C'étaient des draps jaunes emmouchetés de mille petits points noirs. Cet énorme produit d'une année, qu'il n'avait exposé en vente qu'après qu'il s'était vu en position d'habiller toute la ville, n'avait pas répondu à l'espoir qu'il avait conçu d'établir une mode et lui était resté en magasin. C'était ce que de nos jours les marchands appellent des rossignols.

Quand Rochus eut obtenu, de la bonté de la duchesse et de la gaieté du duc Jean, la faveur qui lui était prescrite, maître Vervloet choisit sa pièce la plus fine, en fit faire un habillement complet pour le prince, et le lui porta cérémonieusement sans rien dire, le priant de daigner vêtir, à son bal, cet habit qui honorerait grandement la ville de Louvain, laquelle en serait reconnaissante.

Jean, voulant comme tous les princes faire sa cour à l'industrie, se prêta volontiers à cette complaisance ; et alors, profitant du mois qu'il avait devant lui, pendant que Rochus et Ida s'occupaient de leur prochain bonheur, le drapier invita à son bal, au nombre de près de deux mille, tous les nombreux personnages quelque peu notables de Louvain et du pays, en annonçant la présence du seigneur duc, et ajoutant que, le dit seigneur voulant paraître vêtu entièrement d'un certain drap jaune pointillé de noir, très-nouveau et très élégant, *la même mise était de rigueur pour tous les invités.*

En même temps, il fit étaler son drap dans les halles de Louvain. Quelques personne s'imaginèrent bien un peu qu'elles avaient vu déjà cette étoffe repoussée. Mais on ne s'arrêta pas à ce souvenir ; on crut devoir trouver beau ce que le prince avait choisi ; tout le monde acheta ; tout le monde s'habilla de jaune pointillé de noir. Et le soir de la fête, qui faisait grand bruit par la présence du souverain et par la multitude des invités, quand l'heureux Rochus présenta sa fiancée au duc, surpris de se voir dans une immense assemblée uniformément jaune, l'honnête armurier comprit dans quel but son beau-père avait organisé son bal. Tout le drap pointillé était vendu; une grosse somme d'argent, qui en fut le produit, formait la dot de la charmante Ida, que Rochus eût bien épousée sans cet auxiliaire; car il l'aimait, il était riche, et il la savait unique héritière d'un père cousu d'or.

Les habits du bal ne parurent que ce jour-là. On se fût singularisé en les portant en ville; les seuls invités avaient la bizarre étoffe. Mais qu'importait à Vervloet ? Il avait fait son affaire de négociant.

Quant à Rochus et à sa jeune épouse, tous les renseignements que nous a pu fournir l'époque nous font croire qu'ils furent heureux.

COMMENT ON ACHÈVE UN PONT

> Je n'aurais pas inventé celui-là.
> PICARD.

Par un beau soir de juin de l'année 1428, un jeune maître forgeron de Liége s'en revenait de Huy, où il avait passé la journée avec quelques amis ; il cheminait gaiement, accompagné d'un vaillant dogue et appuyé sur un bon gourdin à poignée de cuir festonné. Rien qu'en apercevant Justin Bouille (c'était le nom du camarade), on eût deviné qu'il était homme actif et intelligent ; sa mine vigoureuse était rehaussée par un teint vif et coloré ; ses mouvements prompts et fermes annonçaient un besoin d'action ; et il pouvait si peu rester calme, que, même en marchant avec ardeur, il lui fallait ou parler des monologues, ou siffler son chien, où chanter la chanson populaire, ou faire le moulinet avec son bâton, qu'il appelait le grand-juge.

Il n'avait pas fait deux cents pas hors de Huy, sur le chemin de Liége, qu'il se mit à dire d'une voix forte :

— Il est impossible qu'un pont demeure imparfait !

Il fit tourner son gourdin trois ou quatre fois au-dessus de sa tête, marcha plus vite, et ajouta :

— Oh ! nous l'achèverons !

Après cela, il rappela son chien, qui flairait en avant un voyageur, et il se mit à entonner cette vieille chanson de la Hesbaie et de la Champagne, encore chère aux bateliers de la Meuse, de la Marne, et de l'Aube ; nous la rapportons avec ses imperfections et ses naïvetés grotesques.

> — Ah ! j'ai, j'ai vu...
> — Compère, qu'as-tu vu ?
> — J'ai vu une grenouille
> Qui filait sa quenouille
> Au bord d'un fossé.
> — Compère, vous mentez.

— Ce pont, reprit-il, est indispensable. Il faut que nous en sortions à notre honneur. Que dirait-on des Liégeois ? — A moi donc, Patard !

Le chien revint, et Justin Bouille poursuivit :

— Ah ! j'ai vu, j'ai vu....
— Compère, qu'as-tu vu ?
— J'ai vu une mouche
Qui se rinçait la bouche
Avec un pavé....
— Compère, vous mentez.

— Ce sera un pont magnifique.... Eh bien ! Patard !

— J'ai vu une carpe
Qui pinçait de la harpe
Au haut d'un clocher....
— Compère, vous mentez.

— Eh ! c'est notre ami Lambert Heyden, ajouta Bouille en reconnaissant le voyageur qui s'était retourné. Est-ce que nous revenons à Liége ?

— Justement, répondit Lambert. Je suis bien aise d'avoir votre compagnie ; la route sera moins longue.

— Finirons-nous le pont ? demanda Justin, qui semblait plein de cette pensée.

— J'en doute, répliqua l'autre ; la ville manque d'argent.

— Oh ! il faut qu'elle en trouve. C'est moi qui fournis les fers. Un si noble pont ! un pont de pierre à sept arches !

— C'est un pont qui a du malheur, dit doucement Lambert Heyden. La première fois il fut construit en bois par le brave neveu de Charlemagne Ogier-le-Danois.....

— Un homme de tête, un Liégeois!

— Il était né en effet dans une de nos paroisses. C'était le premier pont qu'on nous donnait; il traversait la Meuse en face de la rue qui, en souvenir de lui, s'appelle encore rue Souverain-Pont; mais les inondations nous l'ôtèrent.

— On le rebâtit. Est-ce que nos pères avaient plus de constance que nous?

— Ce fut l'évêque Notger qui nous le rendit en effet; mais il eut pour cela une ressource. Il y avait dans Liége deux cents brigands qu'il fit pendre, et dont il confisqua les biens.

— Voilà un moyen! Ne pensez vous pas, Lambert, qu'il y a aussi de nos jours, dans la bonne cité, quelque vautour qu'on plumerait utilement?

— Je ne saurais vous répondre à cela, dit le pacifique compagnon.

Justin Bouille agita son grand-juge, fit quelques pas d'un air méditatif, puis fredonna :

> — J'ai vu un crapaud
> Qui repassait sa faux
> Sur le bord d'un pré....
> — Compère, vous mentez.

COMMENT ON ACHÈVE UN PONT

— Il est encore vrai, reprit Lambert, que plusieurs fois ce pont fut entraîné par la débâcle des glaces; qu'on le refit toujours, et que même sous l'évêque Renaud de Bavière on éleva les ponts de Saint-Julien et de Saint-Nicolas.

— Et, depuis dix-neuf ans, le pont des Arches, qui remplaçait le vieux pont de bois d'Ogier-le-Paladin, est tombé sous les coups de la grande inondation, sans qu'on le relève. Il nous faut de l'argent!

— Comment, sans qu'on le relève? On a déjà fait deux arches,

— Deux arches à un pont qui doit en avoir sept sont utiles comme le manche d'un couteau lorsqu'on veut tailler la soupe, comme la moitié d'une paire de ciseaux lorsqu'on veut couper du drap, comme la gaîne d'une épée lorsqu'on veut se défendre. Il faut que ce pont s'achève!.....

Ce fut dans de tels entretiens que les deux Liégeois firent leur route. Ils entrèrent fort tard dans la vlile, dont ils se firent ouvrir la porte en payant au guichetier un demi-pot de vin de la Meuse; chacun en but sa part. Après s'être promis de déjeûner ensemble le lendemain matin, les deux voyageurs se quittèrent; et Justin Bouille, quoiqu'il rêvât au vautour qu'il voulait plumer pour achever son pont, regagna sa maison, en chantant à pleine voix, sans s'occuper des dormeurs :

> Ah ! J'ai vu, j'ai vu....
> — Compère, qu'as-tu vu?
> — J'ai vu une guêpe
> Qui faisait des crêpes
> Dans un sac à blé....
> — Compère, vous mentez.

La ville de Liége à cette époque avait des libertés très grandes. Elle avait ses deux bourgmestres, qu'on renouvelait tous les ans par élection, ses échevins, son tribunal des Vingt-Deux, son grand-mayeur et ses magistrats populaires. De plus, il y avait alors quatre ans que l'évêque Jean de Heinsberg avait établi, par son règlement célèbre, vingt-deux commissaires, dont six étaient nommés par le prince-évêque et seize par les trente-deux paroisses. Ces commissaires, qui faisaient partie du corps municipal, devaient être consultés dans toutes les affaires importantes. La sûreté publique, le maintien des priviléges, la police de la cité, étaient dans leurs attributions ; et il y avait cela d'admirable dans leur institution que, d'un côté, ils ne pouvaient prétendre à aucune fonction publique; que, de l'autre, ils ne pouvaient être destititués, sinon pour forfaiture. Cette disposition, qui rendait les vingt-deux indépendants, appartient, comme on voit, à la ville de Liége ; circonstance que nous relevons parce qu'on l'a beaucoup admirée dans l'organisation du sénat impérial.

Avec de si larges priviléges, le pays de Liége n'était pourtant pas toujours tranquille. Depuis quelque temps la paix était troublée par Gauthier d'Athin, qui avait acheté du prince-évêque la place de grand-mayeur. « Cet homme, dit M. Dewez [1], avait su prendre, par son ton impérieux et son extérieur imposant, un tel ascendant sur le peuple, qu'il exerçait impunément dans tout le pays une domination despotique, établissant et abolissant tout au gré de ses passions et de ses caprices. Il avait un fils, chanoine de Saint-Lambert, qui, ayant eu un différend avec le chapitre, ne s'en était pas tiré à son avantage.

« Le père en fut si irrité, qu'il interdit l'eau et le feu à cet illustre corps, et fit défendre à tous les ouvriers de travailler pour le service des chanoines. Ceux-ci, après avoir épuisé tous les moyens que la modération et la bienséance pouvaient exiger, s'adressèrent au Pape, qui leur permit de ci-

[1] *Histoire du pays de Liége.*

ter le grand-mayeur. Mais il ne se trouva pas un huissier qui osât se charger de l'exploit, et ils furent réduits à se rendre eux-mêmes, en corps, au lieu de son domicile. Il n'y était pas; les bons chanoines s'en retournèrent comme ils étaient venus; et cette affaire, dont on avait fait tant de bruit, n'eut point de suite. »

Seulement elle avait fait germer de longs murmures, qui devaient éclater pour une cause bien plus légère. Le lendemain du jour où nous avons quitté Justin Bouille et Lambert Heyden, les deux bourgeois se retrouvèrent, comme ils étaient convenus, pour déjeuner, dans un cabaret au bord de la Meuse. Dès que le maître forgeron arriva, Lambert, qui se trouvait tranquillement le premier au rendez-vous, lui demanda s'il savait la nouvelle.

— Quelle nouvelle? dit Justin.

— Mais, le grand-mayeur....

— Ah! parbleu, voilà mon vautour. Les chanoines ont-ils gagné?

— Non pas.

— Bon, c'est mon affaire.

— Cet homme va plus loin; il vient de condamner arbitrairement à une forte amende un de vos confrère.

— Un forgeron ! s'écria Justin. Et les libertés !

Il s'agita un moment, but un coup ; puis il dit :

— Ne cherchons pas autre. Gauthier d'Athin est riche, nous trouverons là de quoi achever notre pont.

En lançant ce dernier mot, sans s'occuper de son déjeuner, Justin frappa sur la table un grand coup de son gourdin, quitta brusquement son ami, et courut chez le forgeron condamné par le grand-mayeur.

— Tu ne paieras pas, lui dit-il. Nous sommes là ; et si tu paies, je ne veux plus de toi dans la confrérie.

— Mais, dit le forgeron, le grand-mayeur est puissant.

— Moins puissant que le pont qui est tombé, dit Justin. Nous le démolirons. La-dessus il chanta encore :

> — J'ai vu une anguille
> Qui battait sa fille
> Pour la faire chanter.
> — Compère, vous mentez.

Il entraîna le forgeron. Tout ce corps de métier fut bientôt rassemblé. Dès que la plainte eut un noyau, toutes les autres confréries s'ameutèrent ; Liége sortit tout entière sur ses places publiques.

Justin Bouille, son grand-juge à la main, pérorait, et faisait voir que le bannissement du grand-mayeur doterait la ville d'un beau pont. La foule se rendit au conseil des échevins, se bornant d'abord à demander justice contre le grand-mayeur. Les échevins, malgré de telles démonstrations, n'ayant pas osé encore se heurter contre Gauthier d'Athin, l'effervescence devint telle, que bientôt le grand-mayeur fut banni par le peuple et obligé de quitter Liége à perpétuité avec son fils. Les échevins qui avaient tremblé furent proscrits eux-mêmes pour un temps; les biens considérables de Gauthier d'Athin furent confisqués et employés à l'achèvement du pont des Arches, qui pourtant ne fut terminé qu'en 1446, à la joie bruyante de Justin Bouille.

Ce pont subit d'autres infortunes. En 1468, Charles-le-Téméraire, lorsqu'il abîma Liége si cruellement, fit sauter une arche de ce pont, qui avait coûté tant d'efforts.

On répara mal cette brèche militaire; et ensuite la permission qu'on donna de bâtir sur le pont l'ébranla tellement, que l'inondation de 1643 l'emporta.

On le releva encore.....

Mais le grand-mayeur proscrit, que nous allions oublier, était mort en pays étranger, avec le plaisir de savoir que sa fortune avait fait les quatre grandes piles du pont des Arches et payé une partie des fournitures du forgeron.

LÉGENDE DE LA RUE DU BONHEUR

> Qui ne court après la Fortune ?
> LA FONTAINE.

L'ANECDOTE que nous allons rapporter se trouve mentionnée dans de vieux recueils flamands ; elle a été contée plus d'une fois à la cour de Philippe-le-Bon, pendant le séjour que fit dans les Pays-Bas le Dauphin de France depuis Louis XI ; elle a été connue de quelques nouvellistes italiens à qui peut-être Guicciardini l'a portée ; ils l'ont arrangée à leur manière [1]. Nous raconterons le fait dans sa simplicité.

En l'an 1398, il y avait à Gand, au fond de la rue

---

[1] Grazzini, dit le Lasca, dans ses nouvelles, a fait de cette histoire un petit roman qui se termine d'une manière fort sombre. Il place la scène à Pise; et son héros, Liévin Doel, se nomme Fazio. Le poète anglais Milman a fait du Fazio de Grazzini une tragédie.

Sainte-Catherine, qui alors du côté de la rue d'Or était un cul de sac, une petite maison qui appartenait à un Juif nommé Haltrow. Plusieurs fois la commune de Gand avait voulu acheter cette maison pour la démolir et ouvrir ainsi une communication utile entre la rue d'Or et la rue du Bonheur. Mais l'avare n'avait pas voulu la vendre. Il était si riche, disait-on, qu'il ne se souciait pas, dans un déménagement, d'exposer ses trésors aux regards publics. Il vivait seul et très mesquinement : il n'avait point de domestique, parce qu'il eût fallu le nourrir ; personne ne pouvait se vanter d'avoir mis le pied dans sa retraite plus loin que la petite chambre d'entrée qui existe encore dans la plupart des maisons hollandaises et flamandes et qu'on appelle le parloir.

A côté de son avarice, Haltrow était dominé souvent par un autre défaut, la gourmandise. Mais il ne la satisfaisait jamais à ses dépens. C'était chez ceux avec qui il faisait des affaires que, lorsqu'il était invité, il se donnait ce qu'il appelait de la joie.

Or un soir, le 24 février, ayant soupé convenablement chez un patron de navire, il s'en revenait à onze heures, seul, à pied, malgré la pluie qui tombait en abondance. Toutes les portes étaient fermées, toutes les lumières éteintes, toute la ville endormie. Il faisait un temps effroyable. Haltrow, qui n'allait jamais seul la nuit sans mourir de peur, descendait rapidement la rue des Raisins, lorsqu'après avoir traversé le petit pont du fossé d'Othon pour entrer dans la rue qui était devant lui, il vit un homme s'élancer de l'enfoncement d'une porte basse et se précipiter sur lui. Il se dégagea en un clin d'œil par un mouvement violent, courut encore quelques pas, et se réfugia dans la boutique d'un orfèvre, dont par hasard la porte était restée entr'ouverte. Il se jeta sur une chaise, sentant qu'il avait reçu un coup de poignard, et s'écria : — Je suis assassiné !

L'orfèvre accourut : c'était un homme qui, comme le Juif, courait après la fortune ; mais il avait pris un autre chemin que l'usure ; il cherchait la pierre philosophale.

Comme il faisait ce soir-là une grande fonte dans son arrière-boutique, il avait laissé sa porte à demi ouverte, ou pour tempérer la chaleur de ses fourneaux, ou pour en activer l'ardeur

Lievin Doel (c'est le nom de l'orfèvre) reconnut le Juif et lui demanda ce qu'il faisait dans la rue à une telle heure? Mais Haltrow ne répondit plus; il expirait.

Liévin, effrayé, courut à sa porte, mit la tête dehors et ne vit personne. Cet incident le jetait dans un certain embarras. Il ferma sa boutique pour prendre conseil. Sa femme, ses enfants, sa servante, étaient couchés ; tout le monde dormait dans le voisinage; il était seul : il conçut tout à coup un projet hardi. Personne, excepté l'assassin qui avait intérêt à se taire, n'avait vu le Juif entrer chez lui.

En déclarant sa mort il courait risque d'être soupçonné. Il imagina de changer en bien son malheur, comme il cherchait à changer le cuivre en or. Liévin Doel connaissait ou soupçonnait la grande fortune d'Haltrow. Il commença par le fouiller. Ayant trouvé dans ses poches, avec quelque monnaie, un gros paquet de clés, il résolut d'aller les essayer aux serrures du défunt. Le Juif n'avait point de parents, et l'alchimiste, qui avait la conscience large, ne voyait pas grand mal à s'instituer son héritier. Il s'arme donc d'une lanterne sourde et se met en route ; il n'avait qu'une petite rue à parcourir. Il arrive sans s'apercevoir du temps affreux qu'il faisait, il essaie les clés, il entre dans l'appartement; il trouve le coffre-fort, et après bien des peines il parvient à ouvrir toutes les serrures. Là il voit des bracelets, des chaînes d'or, des diamants, et quatre sacs sur chacun desquels il lit : *Cinq mille florins en or*. Il s'en empare en tressaillant de joie, referme tout, et revient chez lui sans être vu de personne. De retour dans sa maison, il serre d'abord ses richesses; après cela, il songe aux funérailles du défunt : il le prend entre ses bras, le descend dans sa cave, et ayant creusé à quatre pieds de profondeur, il l'enterre avec ses clés et ses habits. Il recouvre la fosse avec tant de précaution, qu'on ne pouvait s'apercevoir que la terre eût été remuée en cet endroit. Il remonte ensuite à sa chambre, ouvre ses sacs, compte son or, et trouve les sommes parfaitement conformes aux étiquettes. Forcé de se sevrer un moment de la jouissance qu'il goûtait à les considérer, l'orfèvre cache le tout dans une armoire secrète et va se coucher; car le travail et la joie l'avaient fatigué rudement.

Quelques jours après, Haltrow ne paraissant plus, on ouvrit ses portes par ordre des magistrats. On ne fut pas peu surpris de ne trouver chez lui aucun argent comptant. On fit longtemps de vaines recherches; et ce ne fut que quand Liévin Doel vit que l'on commençait à n'en plus parler, qu'il hasarda quelques propos sur ses découvertes en alchimie. Bientôt même il parla de quelques lingots. On lui riait au nez; mais il soutenait de plus en plus ce qu'il avait avancé, et graduait adroitement ses discours et sa joie. Enfin il parla d'un voyage en France pour aller vendre ses lingots; et, afin de mieux jouer son jeu, il feignit d'avoir besoin d'argent pour ce voyage.

Il emprunta cent florins sur une métairie qui n'avait pas encore passé par ses fourneaux. On le crut tout à fait fou : il n'en partit pas moins, en se moquant tout bas de ses voisins, qui se moquaient de lui tout haut.

Cependant il arriva à Paris, changea son or contre des lettres de change sur de bons banquiers de Gand, et écrivit à sa femme qu'il avait vendu ses lingots. Sa lettre jeta dans tous les esprits un étonnement qui durait encore lorsqu'il reparut dans la ville. Il prit un air triomphant en arrivant chez lui; et, pour ajouter des preuves sonnantes à ce qu'il disait de sa fortune, il alla chercher 20,000 florins chez ses banquiers. Dès lors on exalta partout sa science; on raconta partout son histoire : considéré à la fois comme homme riche et comme savant homme, il jouit de sa fortune sans la gaspiller. On n'en connut la source que cinquante ans après, par son testament. On appelle la rue où il demeurait la rue du Bonheur. La voie large qui lui est parallèle, sur laquelle donnaient les fenêtres de la maison du Juif, fut appelée la rue d'Or. La ville ayant hérité du manoir d'Haltrow, le cul-de-sac Sainte-Catherine devint une rue.

LA FEMME BATTUE

> Malheur à ceux qui marchent
> dans la voie de Caïn.
> SAINT JUDE.

IL y avait, à deux lieues de Bruges, en 1114, sous le gouvernement du comte Baudouin-à-la-Hache, ce grand justicier, un boucher de village qui s'appelait Paert, nom qui, en vieux langage flamand, signifie cheval. Il était plus rude encore que son nom. Pourtant, comme on le voyait alerte et bon travailleur, il était parvenu à épouser Gritte, la belle fille. Gritte, bonne et pieuse, douce et paisible, ne savait pas, la pauvre enfant, qu'il n'est jamais sûr d'épouser un tourbillon. Le boucher passait pour alerte, parce qu'il était emporté, brutal, violent et plein de tempêtes; on le disait bon travailleur, parce qu'il était poussé sans relâche par un sang brûlé et par une colère permanente. Ce n'est pas là que vous devrez chercher, jeunes filles, l'activité qui fait les maisons prospères. L'activité vraie, s'il faut vous le dire, est calme dans sa persévérance. Les torrents ne coulent pas toujours, mais les fécondes rivières. Le vent brise et ne produit pas.

La pauvre Gritte ne tarda guère à reconnaître ces vérités. Au bout de six mois de mariage, c'était une femme malheureuse. Son mari eût voulu, disait-il, que, sans rien perdre des qualités d'ordre qu'on exige dans une ménagère, elle eût sa vivacité, son ardeur, son emportement à toute besogne; et si ce qu'il demandait eût pu se faire, ces deux êtres se fussent heurtés à chaque instant et brisés l'un contre l'autre. Ajoutons même que la douceur de Gritte fut la seule cause qui laissa couler six mois sans accidents sur ce jeune ménage. Si elle eût eu le naturel de Paert, les ouragans qui se préparaient eussent éclaté le lendemain des noces.

Hélas! l'homme emporté, dans ses impatiences, jetait encore de l'huile sur le feu : il allait au cabaret, altéré par la colère. Parfois, comme s'il eût eu honte de lui-même, il cherchait à se fuir;

et il s'enivrait. A son retour dans le logis, c'était un furieux. Pendant ces six premiers mois, respectant dans sa femme la chair de sa chair et l'os de ses os, il ne l'affligea que de ses reproches et de ses clameurs. Elle supportait tout avec une patience qui l'irritait ; et si elle se fût irritée, il l'eût tuée peut-être ; car telle est la colère, lorsqu'on en fait sa compagne. Un ancien a dit que la colère n'était autre chose qu'une démence courte. C'est quelquefois plus qu'une démence courte. C'est une frénésie.

Dans le septième mois, Gritte reçut de son mari le dernier des outrages, cet outrage infâme qui ne vient jamais que d'un lâche ou d'un misérable ; elle fut battue.

Une fois ce pli pris, pour parler comme le vulgaire, elle fut battue tous les jours. Pendant un an que dura cette vie d'enfer pour la pauvre femme, personne ne sut rien de ses souffrances ; par honte pour elle-même et pour son mari, elle cacha d'abord ces excès, étouffant ses cris et ses sanglots. Puis, lorsque la rude main de Paert cessa de suffire à sa méchanceté, lorsqu'il frappa d'un vil bâton celle dont il avait juré d'être toujours le protecteur et le soutien, il lui imposa la continuation du même silence, la menaçant de la tuer, de son couteau à égorger, si elle laissait entendre un cri ou une plainte. Parfois il l'étranglait, en l'obligeant à ne pas souffler ; il la poursuivait du fouet qui mène les bœufs ; et il redoublait ses coups, s'il entendait un soupir.

Personne donc n'eût rien su de ces horreurs, si Paert lui-même ne s'en fût vanté. Les voisins remarquaient bien de l'abattement sur le visage de Gritte. Mais on ne soupçonnait pas tout son courage. On sut par le boucher ivre ses déportements.

Et d'ailleurs, après un an de ce qu'il appelait des corrections secrètes, il en donna de publiques. En sortant du cabaret, s'il ne trouvait pas sa femme au logis, il la cherchait dans le village, chez ses parents, en tous lieux, quelque instrument de supplice à la main. Souvent on cachait la pauvre Gritte jusqu'à ce que l'ivresse fût passée. Mais dans cette vie de transes et de terreurs, un jour sans coups était rare.

Vous direz peut-être que c'étaient là des temps barbares. Non, pas plus sauvages que le nôtre ; dans dix mille de nos villages, il y a encore aujourd'hui des existences comme celle de Gritte, des maris comme Paert; et nos lois sont impuissantes contre ces longs forfaits.....

Il n'en fut pas ainsi alors. La Flandre vivait sous le gouvernement de Baudouin-à-la-Hache, ce protecteur du faible, ce juge si ferme et si terrible à tout oppresseur. Il ne réglait pas ses arrêts sur un code de lois plus ou moins boiteuses. Il n'écoutait pas les vains syllogismes des avocats qui font entrave à la vérité vraie. Il jugeait par une justice juste; et on admire encore ses nombreux arrêts, formidables, mais dictés par l'équité.

Un jour qu'il était à Bruges et qu'il s'informait de toutes choses, selon son usage, on lui dit quelques mots du triste sort de Gritte. Un de ses sergents fut expédié aussitôt, avec ordre d'informer et d'amener le boucher. Le sergent revint le lendemain, amenant Paert, et trois hommes du même village, ses compères de cabaret. La rapide enquête du sergent les lui avait dénoncés comme les complices du mari brutal.

Le comte Baudouin-à-la-Hache était un homme de haute taille, jeune, beau, mais austère. Son aspect grave, sa lèvre qui ne riait jamais, son regard profond, son geste puissant, intimidèrent Paert, qui se doutait bien qu'on allait lui faire

8

rendre compte de sa vie, et qui savait que son prince n'était pas indulgent.

— Les femmes sont aussi sous ma sauve garde, lui dit gravement Baudouin-à-la-Hache. Vous avez pris sur la vôtre un droit que vous n'avez pas.

Le boucher était tombé à genoux, le cœur tremblant. Il voulut, pour s'excuser, exposer les torts de sa femme.

— J'attendais de vous cette autre lâcheté, reprit le Comte en l'interrompant. Les torts de votre femme sont des vertus. Répondez seulement à mes questions : Qui vous a poussé aux excès dont vous êtes noirci ?

— Le cabaret d'abord, sire ; mon naturel trop ardent peut-être, et aussi les conseils de ces trois hommes que vous voyez avec moi, qui m'ont soutenu que j'avais raison

— Ces hommes, vos anciens en âge, maltraitent-ils aussi leurs femmes ?

Le sergent fit passer sous les yeux du prince l'enquête qu'il avait faite par son ordre. Il y vit que les trois villageois qui, comme des démons tentateurs, avaient encouragé Paert, battaient aussi leurs femmes, l'un pour faire voir qu'il était le maître à la maison, l'autre pour obliger sa triste moitié à le servir au moindre signe, le troisième pour corriger, disait-il, ses petits défauts.

— Manants, reprit le Comte en se levant après un moment de silence, si j'écoutais mon indignation, je pourrais être comme vous l'esclave abruti de la colère. Je serai juste ; et je prie Dieu de permettre que je le sois toujours. Vous serez punis selon que vous avez péché. Vous Paert, pendant quinze mois, vous recevrez chaque jour exactement les outrages que vous avez fait subir à votre femme. Vous porterez les mêmes coups, donnés par une main plus puissante que la vôtre ; car les proportions doivent être gardées. Vos trois conseillers, moins cruels que vous, mais non moins infâmes, seront châtiés comme vous ; le cabaret où vous avez puisé la colère sera rasé aujourd'hui, et son maître banni. Allez.

Les chevaliers qui entouraient le Comte et qui exécutaient ses sentences emmenèrent les quatre vilains et les enfermèrent dans une même prison, où leur châtiment commença aussitôt. Tous les jours un vigoureux agent de justice venait, avec des fouets, des bâtons et des cordes ; et Paert, pendant une heure, était battu sans pitié, comme il avait battu sa femme, après avoir assisté aux corrections de ses trois compères.

Souvent il ne se pouvait tenir de pleurer et de hurler. L'agent de justice redoublait alors ses coups :

— Ah ! lâche et misérable (lui disait-il, par ordre du comte), tu cries et te plains, et dans ta félonie tu obligeais encore ta pauvre femme à se taire.

Sur quoi il se jetait à sa gorge et l'étranglait à moitié, en représailles de ce qu'il avait fait si méchamment à Gritte. Le boucher, lié des mains, ne pouvait résister, non plus que les autres. — Leur supplice dura quinze mois, au bout desquels, bien défaits et meurtris, il se relevaient pourtant un peu devant le jour qui devait finir leur peine. Ce jour vint et ils le saluèrent en respirant.

Mais un bon moine entra dans leur prison pour les confesser ; car le Comte avait ordonné qu'après avoir expié envers leurs femmes, ils expieraient envers la société. En sortant de leur prison, ils virent devant eux dans la cour quatre potences préparées. Une heure plus tard, tous les quatre étaient entrés dans l'éternité.

LA FILLE DU BANQUIER

> La liberté pour laquelle les hommes ont fait tant de révolutions, combien vaut-elle? La loi qui en France régissait la contrainte par corps avant 1830 l'estimait cent francs.
>
> CHAUVEAU

SAINT François d'Assise était mort en 1226. L'année suivante, les Récollets eurent une maison à Bruxelles ; et leur première église fut achevée en 1241. Bâtie par la charité publique et par le zéle des bonnes gens, comme se bâtissaient alors tous les édifices consacrés à Dieu ; élevée dans une blanchisserie qui avait été donnée aux bons pères, entre la rue des Pierres et le marché des Poissonniers, la modeste église avait payé ses maîtres maçons en leur partageant les terrains qui restaient inoccupés ; et de la sorte s'étaient construites la rue et les ruelles des Récollets.

Parmi les habiles maçons qui créèrent ce quartier, il s'en trouvait un dans lequel on pouvait remarquer alors les qualités qui signalent nos spéculateurs d'aujourd'hui. C'était Samuel Hykens. Il avait acheté peu à peu les lots de ses confrères, terminé toute la rue, vendu à bon prix les maisons, dont il conservait la plus apparente, et complété sa fortune en dirigeant vers l'année 1258 les constructions du Bootendael, ou val des Pénitents, dans la forêt de Soigne, retraite destinée aux mêmes Franciscains, de la stricte observance, qu'on n'appela que plus tard les Récollets.

Aussi en 1270, quand Samuel Hykens, devenu vieux, maria Jean son fils, le seul enfant qui lui restait, fit-il une noce éblouissante. Tout le quartier de Saint-Nicolas et toute la paroisse de Saint-Géry en parlèrent longtemps.

Jean Hykens ne tarda pas à perdre son père, et se vit à la tête d'une grande fortune, qu'il administra de manière à la tripler. Son père avait dû créer tout; lui son élève, il agissait avec des moyens acquis; de plus il avait augmenté son bien-être en épousant une femme riche, et enfin il était bien plus hardi spéculateur que Samuel. Il trafiquait de tout; il louait des moulins, achetait des blés, élevait des bestiaux, bâtissait des maisons, s'intéressait dans les affaires des bateliers, commerçait avec l'Angleterre et l'Allemagne; et tout lui prospérait. Il prêtait de l'argent à bon intérêt, traitait des créances, recevait des gages; et quoiqu'il fît l'usure, car il faut trancher le mot, il était âpre au gain, mais il n'était pas avare. Il vivait joyeusement, tenait bonne table, s'habillait à la mode, se comportait en honnête bourgeois; dans toutes ses relations on le trouvait bon enfant, comme nous dirions aujourd'hui. Mais il était raide sur le chapitre de l'argent; et ses débiteurs n'avaient pas le droit de le laisser inquiet.

Pour achever de peindre Jean Hykens, nous

dirons que c'était un petit homme bien constitué, à l'œil éveillé, à la mine ouverte et joyeuse, au teint coloré, agréable, actif, pétulant même, et doué pour ses calculs d'une facilité si merveilleuse, qu'il avait toujours l'air de faire en riant ses plus graves affaires.

Il était bon mari, s'occupant de sa femme ; bon voisin, n'ayant de difficultés avec personne. Il faisait l'aumône à jour fixe, et consacrait à cette bonne œuvre une petite somme réglée, qu'il ne dépassait jamais ; de sorte qu'on disait qu'il ne donnait ni par compassion ni par charité, mais par convenance. Il remplissait ses devoirs de chrétien en homme bienséant, mais peu pénétré. C'était un homme d'ordre, qui avait la vanité de tous les hommes d'ordre, et qui, ne donnant pas aux pauvres la centième partie de son revenu, passait toutefois pour un bourgeois bienfaisant parce qu'il savait se montrer en certaines occasions. De nos jours c'eût été un philanthrope, comme ceux que nous avons vus si heureux d'offrir aux pauvres leur soupe de boutons de guêtres, dite potage à la Rumfort, et qui voudraient trouver la manière d'être charitables à moins de frais encore.

Un an après son mariage, Hykens fut père

d'une fille; et il n'eut pas d'autres enfants. Quand la petite Julienne devint grandelette, il en fut embarrassé. Il avait coutume, dans ses courses à Vilvorde, à Malines, a Louvain, à Anvers, d'emmener sa femme avec lui, pour ne pas faire deux ménages; car il restait quelquefois plusieurs jours absent. Sa fille le gênant, il la mit chez une vieille tante qu'il avait au Béguinage. Cet établissement s'était fondé en 1250. Des filles et des veuves dans l'aisance ne s'y occupaient que de leur salut; mais d'autres qui ne possédaient rien vivaient là aussi en instruisant les jeunes filles de Bruxelles. Hykens vit, dans la mesure qu'il prenait, l'avantage de donner à Julienne l'éducation qui se distribuait alors à quelques êtres privilégiés, lesquels apprenaient à lire et à écrire, mais surtout à connaître leur religion et à chanter à l'église.

Pendant que Julienne Hykens grandissait dans sa tranquille retraite, allant passer les dimanches et les fêtes avec son père et sa mère, Jean fit la connaissance d'un jeune Anversois de dix-huit ans, Mathias Vondel, fils d'un négociant qui trafiquait sur les mers, et qui un jour ne revint plus, laissant à son fils une grande fortune. C'était en

1282. Mathias était un viveur de l'époque, une jeune tête ardente qui jusque-là n'avait rien fait de sérieux. Content de voir son père armer, naviguer, caboter avec l'Angleterre, où il vendait des légumes et des fruits que les Anglais ne savent pas produire, des œufs et du beurre que le Brabant fournissait en abondance, des toiles de Courtrai, des guipures de Malines, des draps de Louvain et de Poperinghe, de la garance que la Flandre cultivait; satisfait de voir son père rapporter à chaque voyage de bonnes sommes, Mathias, enfant gâté, ne faisait rien. Il se bornait à recevoir les offres des marchands qui ambitionnaient l'honneur de traiter avec la maison ; et, comme il s'acquittait de cette fontion avec régularité, que ses rapports étaient nets et précis, mynheer Eloy Vondel ne demandait rien de plus, disant qu'un jeune homme doit *jeter sa gourme*, laissant à son fils la bride sur le cou, et toutefois se proposant de l'occuper dès qu'il aurait vingt ans.

Il n'en eut pas la joie, puisqu'il mourut, comme nous avons dit, dans une traversée.

Resté seul avec sa mère, Mathias se mit un peu plus aux affaires et s'associa avec un oncle qu'il avait et qui faisait le même métier que son père.

Un jeune homme qui jette sa gourme si librement s'accoutume un peu trop à la jeter toujours. Mathias ne sut pas renoncer à ses parties de plaisir, le travail assidu l'ennuya ; il se trouva si fatigué d'un seul voyage aux côtes de l'Angleterre, qu'il n'y retourna pas ; et deux ans plus tard, ayant perdu sa mère, il vendit tout ce qu'il possédait, réalisa de gros écus, abandonna Anvers, où les bonnes gens eussent critiqué sa conduite, et vint habiter Bruxelles. Il acheta une maison dans le voisinage de Jean Hykens. Il le connaissait par des affaires ; il se lia avec lui et avec d'autres, faisant des spéculations le matin et s'en reposant le soir dans de joyeuses compagnies. Bientôt il n'y eut ni fêtes ni divertissements dans la ville, qu'on n'y vît Mathias Vondel.

Les dissipations peuvent égayer, mais elles ne savent pas enrichir. Mathias se gêna : il avait des créances, il les vendit à Jean Hykens ; puis il lui céda des marchandises, sur lesquelles nécessairement il perdit ; puis il lui engagea sa maison. Pour relever sa position qui déclinait très vite, il mit plus d'attention à quelques affaires de trafic ; elles ne réussirent pas. Il semble parfois que la Fortune se plaise à donner de rudes leçons aux gens qui se jouent d'elle. L'Anversois commençait à voir avec épouvante qu'il était ruiné, lorsqu'au mois de mai de l'année 1288 il lui vint une idée.

Depuis longtemps on était en pleine guerre pour la succession du Limbourg. Waleram IV, duc de Limbourg, n'avait eu pour héritière de son duché que sa fille Ermengarde, qu'il avait mariée à Renaud Ier, comte de Gueldre, surnommé le Belliqueux. Ermengarde était morte sans enfants, quand Valeram mourut lui-même en 1280. Le duché revenait à Adolphe de Berg, son neveu ; mais Renaud de Gueldre s'en étant emparé par les armes, Adolphe qui ne pouvait lutter contre lui, vendit ses droits à Jean Ier, duc de Brabant, qui avait pour alliés la France et les Liégeois.

Renaud de son côté, déjà appuyé par l'archevêque de Cologne, vendit ses prétentions à Henri III, comte de Luxembourg, et la guerre s'alluma, avec des trèves mal observées. En vain le Hainaut et la Flandre avaient interposé leur arbitrage, il fallait vider cette querelle par une de ces batailles décisives qui sont des jugements en dernier ressort. Tout s'apprêtait donc pour une grande journée, et par leur ardeur les Brabançons se montraient dignes de leur vaillant duc. Bruxelles surtout fournissait de braves archers et des arbalétriers solides. Les serments et les confréries se mettaient en marche ; tout le Brabant se portait si chaudement sous la bannière nationale, qu'on pouvait dès lors prévoir une victoire. Mathias, qui se trouvait lié avec l'amman Arnoul d'Yssche, chargé, comme distinction très glorieuse, de porter et de défendre l'étendard de Bruxelles, se proposa de l'accompagner.

La guerre a des chances, pensait-il ; on va en finir cette fois ; on se battra près de Cologne, on pillera cette ville opulente : et qui sait si dans le butin je ne trouverai pas le moyen de refaire ma fortune ?

Pour paraître plus dignement dans cette campagne, d'autant plus convenable, qu'elle lui semblait devoir être courte, Mathias, réduit aux derniers expédients, mit en gage dans les mains de Jean Hykens, les joyaux de sa mère, dont il ne s'était pas défait jusqu'alors. C'était sa dernière ressource ; il acheta de belles armes, s'équipa d'une manière brillante, et partit.

Hykens ne tarda pas à le suivre, après être allé au Béguinage embrasser sa fille, qui entrait dans sa dix-septième année et qui était devenue charmante. Hykens ne marchait pas comme guerrier : il spéculait sur les fournitures et les besoins de l'armée ; il se proposait de prêter aux chefs dénués, qui le rembourseraient au quadruple, après qu'on leur aurait partagé les seigneuries du Limbourg ; car il ne doutait pas non plus de la conquête, et il s'épanouissait dans des combinaisons qui devaient faire de lui l'homme le plus riche de Bruxelles.

Ce n'est pas ici le lieu de faire l'histoire de cette guerre célèbre. La bataille de Woeringen se livra le 5 juin 1288. On sait que les ennemis du duc Jean avaient une armée de vingt mille hommes. Les Brabançons, qui avec leurs alliés n'étaient que six mille, ne craignirent pas d'attaquer. Ce fut une héroïque mêlée : le comte de Luxembourg fut tué avec ses frères ; le comte de Gueldre fut pris, ainsi que l'archevêque de Cologne ; onze cents chevaliers allemands mordirent la poussière, et la victoire fut au Brabant.

Jean-le-Victorieux, après ce beau fait d'armes, rentra dans Bruxelles enthousiasmé ; il y fut reçu au son de toutes les cloches, dans les rues pavoisées et jonchées de fleurs, au milieu des magistrats, des religieux, du clergé, des Béguines mêmes, qui étaient allées à sa rencontre avec leurs bannières. Ce fut grande joie partout. Seulement Mathias Vondel était mécontent qu'on n'eût pas pillé Cologne ; et Jean Hykens attendait en se frottant les mains que le bon duc distribuât les seigneuries du Limbourg.

Mais Jean Ier était un chevalier, et n'était ni un pillard ni un dévastateur. Loin de songer à maltraiter Cologne, comme il avat invoqué dans le combat les trois rois dont les reliques sont honorées dans cette ville, il fonda à Sainte-Gudule une chapellenie en leur honneur. Loin d'abuser de sa victoire à l'égard des Limbourgeois, il se concilia leur amour par sa conduite généreuse, les traitant dès lors comme les Brabançons. Il relâcha, moyennant rançon modérée, ses illustres prisonniers ; il donna sa fille au jeune comte de Luxembourg, Henri IV, lequel devint ainsi son allié ; et, maître paisible de sa conquête, il assigna des fonds pour l'érection d'une église, qui fut bâtie un peu plus tard, à Notre-Dame-de-la-Victoire. Puis, pour témoigner aux Brabançons dévoués sa reconnaissance, il leur accorda de nouveaux priviléges. Il favorisa surtout Bruxelles, confirma ses lois, et lui en donna de nouvelles, de concert avec les échevins.

Ces dispositions ne rétablirent pas la splendeur de Mathias Vondel et ne firent pas rentrer dans les coffres de Jean Hykens les sommes diverses qu'il avait hypothéquées sur le Limbourg; ce dernier en prit de la mauvaise humeur, et, quand son ami Mathias vint lui enprunter de l'argent, il se fit tirer l'oreille. Bientôt, n'ayant plus de gages à donner, Mathias dut fournir une caution. Il la trouva dans un de ses camarades de plaisir, Antoine Neut, qui était ruiné comme lui. Mais, au bout de deux mois, Hykens, ne pouvant obtenir paiement, en vertu d'une disposition de la loi récemment donnée à la commune de Bruxelles par Jean-le-Victorieux, disposition qui autorisait le créancier à saisir les biens de son débiteur, ou s'il n'en avait pas, à se le faire remettre, lui ou sa caution, et à le retenir dans sa maison au pain et à l'eau jusqu'à paiement, Hykens, par un reste de bon souvenir pour Mathias, réclama Antoine Neut, qui avait répondu de l'autre. Neut lui fut livré ; il le logea dans un grenier parfaitement clos, le nourrissant selon les termes de la loi.

Mathias avait de bons sentiments; il vint trois

jours après, ému de la position que sa caution subissait pour lui, fit au prêteur d'amers reproches, et l'irrita tellement, que Jean Hykens, mettant le répondant en liberté, retint et emprisonna le débiteur véritable.

Mathias ne tarda pas à se calmer; il trouva le grenier peu champêtre, le festin légal peu appétissant, le plancher qui lui servait de lit peu gracieux. Il espérait qu'un mouvement d'amitié se réveillerait dans le cœur de son geôlier; il n'en fut rien, et les jours passèrent sans qu'il vît d'autres figures que le rude domestique qui lui apportait son pain et son eau. Il sentit alors le prix de la liberté; la loi qui jetait un homme dans les griffes d'un autre homme pour une différence d'addition lui sembla atroce, et cette loi a existé chez nous jusqu'à la révolution de 1848, qui l'a un instant abolie, pour la rétablir peu après...

Au bout d'un mois, il lui vint un compagnon, que suivirent rapidement plusieurs autres. Mais à mesure que le grenier s'emplissait, les affaires de Jean Hykens allaient de mal en pis. Les succès lui avaient donné de l'audace; et comme l'audace tourne vite à la témérité, il avait fait des imprudences. Ses spéculations allèrent de travers : bref, a son tour, six mois après l'emprisonnement de Mathias, il se trouva emprisonné lui-même par Arnoul d'Yssche, à qui il devait de grosses sommes.

Un matin donc, les habitants du grenier de la rue des Récollets, défaits et abattus, ne virent plus arriver le domestique qui apportait leur pain. Le créancier de Jean, qui venait de s'emparer de sa maison, y entra à midi, et mit les prisonniers en liberté, voyant peu d'intérêt à les nourrir. Mathias, faible et déguenillé, prit tristement la route d'Anvers, où il lui restait un oncle. La retraite de six mois qu'il venait de faire avait éteint sa gourme; et la raison s'était formée en lui, à force d'abstinence et de réflexions sages. En entrant chez son oncle, il trouva le bonhomme qui se mourait. On ne sait quels contes il lui fit; mais l'armateur, qui n'avait pas d'enfants, le constitua l'unique héritier de son énorme fortune. Voilà donc en trois jours Mathias relevé d'une immense détresse à un état splendide.

A travers les bonnes résolutions qui allaient désormais régler sa vie, il ne repoussa pas un vif désir de rendre à Jean Hykens la leçon qu'il en avait reçue. Ayant recueilli et mis en ordre la succession de son oncle, il s'en revint à Bruxelles, acheter la maison de son ancien geôlier; et, possesseur des créances d'Arnoul d'Yssche sur lui, il réclama la personne de Jean Hykens, qui lui fut remise selon la loi, et qu'il enferma dans le grenier solitaire où il s'était promené six mois. C'était une vengeance, ou si vous voulez une revanche.

Depuis huit jours, il en jouissait de tout son cœur avec peu de générosité, lorsqu'il reçut une visite qui devait exercer sur lui quelque influence. Une jeune fille d'une grande beauté, plus belle encore de ses larmes, demandait à lui parler seule. Dès qu'elle fut admise elle tomba à genoux.

— Vous avez été l'ami de mon père, dit-elle; et lorsqu'autrefois, en me parlant de vous, il me vantait votre bon naturel et votre heureuse gaîté, je n'aurais jamais prévu que vous deviendriez son bourreau.

Mathias reconnut Julienne Hykens, qu'il n'avait jamais vue encore, mais que souvent on lui avait citée comme une femme accomplie.

— Mais mademoiselle, répondit-il, je ne rends à votre père que ce qu'il m'a fait: c'est la loi que les créanciers ont seuls imaginée et que le peuple de Bruxelles a eu la stupidité de recevoir.

Il voulut relever la jeune fille.

— Je ne quitterai cette humble position, dit-elle, que quand votre cœur se sera amolli. Lorsque mon père vous a retenu, il était irrité par les revers.

— Croyez-vous donc que je lui rende la pareille sans avoir été plus irrité que lui encore.

— Vous êtes jeune; la dureté n'est pas dans vos yeux; vous devez me rendre mon pauvre père.

— Je ne le plains pas, mademoiselle; il est aimé, et moi je suis seul au monde. Mais il dépend de vous de le rendre libre en effet...

Le cœur du jeune homme s'était pris; il fit une déclaration d'amour; on va loin lorsqu'on est sur cette voie. Une heure après, Jean Hykens était descendu du grenier dans la salle où il embrassait sa fille. Un mois après, Mathias épousait Julienne.

Les deux amis, qui s'étaient tenus mutuellement en chartre privée, n'avaient rien à se solder. Ils s'associèrent, firent de prudentes affaires; et, au seizième siècle, les descendants de Mathias Vondel étaient encore une des bonnes maisons d'Anvers, où ils étaient retournés.

LA GRANDE DISPUTE
DE LA ROBE ET DE L'ÉPÉE

SCÈNE DE LA FIN DU XV° SIÈCLE

> *Cedant arma togæ*
> CICÉRON.

Il y a longtemps que cette lutte des hommes de parole et des hommes d'action a excité la verve des écrivains, l'humeur mordante des satiriques, et les joyeuses charges de ces faiseurs d'images malicieuses que nous appelons aujourd'hui des caricatures.

Cette thèse s'est élancée, avec des formes grotesques, jusque sur la scène. Citons seulement une facétie d'Alphonse Martainville, *le Tambourineur de Pantin*:

9.

— J'ai pris une résolution, dit l'un des personnages ; j'ai quitté la robe pour l'épée.

— Comment !

— Oui, j'étais bedeau, je me suis fait suisse.

— Ah ! ah !

— Mais un peu plus tard, ne voulant être ni de robe ni d'épée, deux carrières que l'on décrie trop, j'ai pris la lance ; et tu me vois douanier.

A des plaisanteries de ce genre, joignez la gravure burlesque et populaire, tant de fois reproduite sur bois et sur cuivre, imprimée tant de fois en noir et en couleur, dans les petits et dans les grands formats, sur papier jaune et sur papier gris, avec son inscription naïve : *Les quatre Voleurs par profession.* Au-dessus du tailleur et du meunier, vous ne manquez jamais de retrouver le militaire et le procureur, ou l'épée et la robe ; et tout fier cabaret de village qui peut illustrer son salon des célèbres estampes de *Crédit* tué par les mauvais payeurs, du Monde retourné, et du Juif-Errant, ne se croirait pas assorti, s'il n'avait encore les quatre Voleurs par profession.

Ces deux phases sont les deux plus humbles points de vue de la question qui nous occupe. Elle a été gravement traitée dans tous les temps, et par les jurisconsulte et par les militaires, gens qui semblent toujours avoir, dans des états si périlleux, une conscience que rien ne peut rassurer.

Or, avant le docteur Swift, avant Lesage, avant Cervantès, qui ont spirituellement agité ces matières, un enfant du Hainaut, comme vous allez voir, eut l'occasion de s'en occuper sérieusement. Il nous faut remonter à l'année 1495, à l'époque où se négociait le mariage de Philippe-le-Beau, prince souverain des Pays-Bas, avec Jeanne, fille du roi Ferdinand d'Aragon et de la reine Isabelle de Castille ; mariage qui devait unir les Pays-Bas à l'Espagne, et sauver la Belgique au moins des tristes glaces de l'hérésie.

Cet enfant du Hainaut, qui s'appelait Michel Langlois, et qui devait jeter du lustre sur ce nom un peu trivial, se trouvait classé, très jeune encore, parmi les savants de ce savant siècle. Il était né à Beaumont ; mais il venait d'achever ses études à Paris. Entre autres bonnes choses, il avait appris le grec sous Georges Hermonyme de Sparte, sous le Dalmate Tranquillus Andronicus, et sous Jean Lascaris, ces étrangers célèbres que la chute récente du Bas-Empire avait dépouillés de leur patrie, que les rois amis de la science comblaient d'honneurs, et qui nous apportaient sous le nom de Renaissance le retour au paganisme matériel.

Michel était poëte aussi bien que savant. En étudiant la jurisprudence et le grec, il avait constamment *sacrifié aux Muses;* car on ramenait chez les chrétiens le vieil Olympe.

Ses cours terminés, et voyant que son pays était dévasté par les guerres incessantes qui déchiraient au moindre prétexte la France et les Pays-Bas, depuis la querelle non encore assoupie de Marie de Bourgogne et de Louis XI, il se dit que le poëte vivait mal à son aise parmi le bruit des armures, la crainte des invasions, les surprises militaires et les logements de troupes. Il jouissait de quelque aisance, que lui donnaient sa riante maison paternelle, ses champs bien cultivés, et ses vastes prairies, où paissaient de nombreux bestiaux. Il se dirigea vers le Midi, avide de parcourir l'Italie et la Grèce, ces régions chères à sa jeune imagination. Mais pendant qu'il se réjouissait au beau soleil qui inspira Virgile, il apprit tout à coup que, sans égard pour les Muses, sous la protection desquelles il avait mis ses pénates, la guerre brutale venait de brûler sa maison, de piller ses grains, d'enlever ses bestiaux ; qu'il ne lui restait rien qu'un sol dépouillé, et qu'il ne devait attendre de son fermier ni argent ni secours.

Se voyant ruiné, sans appui, sans ressources, en pays étranger, où il ne connaissait personne, Michel se hâta de revenir à Paris. C'était le lieu chéri de ses études, ce doux prélude de la vie. Il y avait laissé quelques amis : il espérait les retrouver tout prêts à soulager sa détresse ; car sa bourse était vide. Ses amis lui donnèrent de sages conseils, mais d'argent point. Ils lui dirent qu'il était savant, qu'il était jurisconsulte, qu'il savait le latin et le grec, qu'il avait étudié le droit civil et le droit canon, qu'il avait voyagé, et qu'ainsi il ne pouvait manquer de se tirer de peine très aisément, en s'adressant, par le canal de son talent gracieux et varié, aux grands personnages qui se faisaient alors un point d'honneur de protéger le mérite.

Michel était sensé, quoiqu'on n'eût pas mis cette qualité parmi les éloges dont on le repaissait : il comprit sur-le-champ sa position. Pour subvenir aux plus pressants besoins, il se mit à donner des leçons à quelques-uns de ses compatriotes qui se trouvaient à Paris. Il occupa ses loisirs à travailler d'élégantes pièces de vers latins, qui ont été imprimées et qui sont toujours lues avec applaudissements. Ces pièces, qu'il adressa à différents Mécènes, lui valurent des compliments ; et on l'invita à dîner.

Mais des politesses ne constituent pas un revenu. Les élèves du Hainaut allaient manquer ; et il fallait vivre. Le plus bienveillant de ses admirateurs était Pierre de Courthardy, président au parlement de Paris, et manseau, comme il sied à un bon jurisconsulte français, lorsqu'il n'est pas normand. Le président avait sur Michel des vues qu'il ne tarda pas à lui développer.

— Je suis reconnaissant, lui dit-il, du magnifique éloge que vous avez fait de moi ; je sais qu'un emploi honorable vous conviendrait ; je ne voudrais cependant pas avoir l'air de vous le donner comme prix de ces beaux vers qui font ma louange [1]. Il faut que tout le monde sache que vous le méritez à d'autres titres encore : je cherche un précepteur pour mon fils, qui doit suivre ma car-

---

[1] Courthardus, Galliæ præses justissimus oræ,
Ardua qui franci tractare negotia regni
Pervigili solitus cura; qui. Pallade docta
Instructus, geminæ tenebrosa ænigmata legis
Facundo thorace regit....

rière ; mais que mon beau-père voudrait faire homme d'épée. J'ai essayé plusieurs savants hommes pour la direction de cette jeune tête; aucun ne m'a satisfait.

Il serait bon de soutenir une thèse de quelque éclat sur cette question tant débattue : Si les charges de robe sont préférables aux emplois militaires. Vous vous en tirerez parfaitement. Cherchez parmi vos élèves deux jeunes orateurs qui décident cette querelle devant mes amis, que j'assemblerai : si vous les satisfaites, je suis à vous sans réserve.

La circonstance était piquante pour un poète qui était savant, qui avait étudié d'une manière brillante la jurisprudence civile et canonique, et qui poursuivait encore avec ardeur ces graves études. Le plus difficile peut-être était de rencontrer pour la thèse les deux personnages convenables. Michel les trouva assez heureusement.

L'un était Charles de Lannoy, jeune homme de vingt-trois ans, dont la famille avait quelque célébrité en Hainaut et en Flandre ; l'autre était Maximilien Dechamps, jeune montois de vingt ans environ, né pendant les fêtes du mariage de Marie de Bourgogne avec Maximilien d'Autriche, dont on lui avait donné le nom, assez nouveau dans le pays.

Michel écrivit sa thèse en vers latins, et la fit apprendre par cœur à ses deux jeunes amis, qui devaient la débiter devant le président, le 20 avril 1496.

L'assemblée que le magistrat avait réunie fut nombreuse. Les deux jeunes tenants entrèrent, Charles de Lannoy vêtu en élégant militaire, et Maximilien en grave jurisconsulte. Le capitaine et le magistrat s'abordèrent avec assez d'aplomb, se saluèrent poliment, et commencèrent par des lieux communs si agréablement tournés, que les spectateurs applaudirent. Dès lors la confiance prit pied, et les deux jeunes élèves marchèrent ferme dans leurs personnages. Seulement Charles de Lannoy, qui avait plus d'esprit que de mémoire, remplaça quelques vers qui lui échappèrent, par des vers de sa façon; car il en faisait aussi. Il ajouta même, avec une certaine malice, des tirades qui mirent plus d'une fois Michel Langlois sur les épines. Tel fut ce passage, que nous croyons devoir traduire en rimes françaises. Le jurisconsulte, après avoir fait un tableau rapide de tous les vices des militaires, disait qu'au lieu de Bénédicité ils prononçaient cette formule en se mettant à table ;

> Tombons sur ce diner, gens d'armes que nous sommes,
> Faisons fête au festin que voilà préparé ;
> Et, quoique nous soyons fléaux parmi les hommes,
> Qu'un tel régal nous soit tous les jours assuré.

— Mais c'est votre formule à vous-mêmes, que vous travestissez, gens de robe, répliqua Charles de Lannoy ; et encore n'en dites-vous que le quart. Je vais vous restituer la pièce en son entier :

> Tombons sur ce diner, avocats que nous sommes,
> Faisons fête au festin que voilà préparé ;
> Et, quoique nous soyons mauvais parmi les hommes,
> Qu'un tel régal nous soit tous les jours assuré.
>
> Notre langue menteuse est notre nourricière.
> De l'avide chicane, aux funestes détours,
> Nous faisons pour les gens une ample souricière,
> Et, quand nous les prenons, nous rions de nos tours.
>
> Nous sommes des coquins ; et la jurisprudence
> Périrait à l'instant si nous cheminions droit.
> Aussi nous pleurerons, dans la funèbre danse,
> De n'avoir pas marché par le sentier étroit.
>
> Nous le savons pourtant ; et comme tous les hommes
> Nous suivons des enfers les abîmes profonds.
> Hélas ! pour nous changer, avocats que nous sommes,
> Il faudrait tout refaire, et la forme et le fonds.

Michel, pendant cette tirade imprévue, était au supplice ; il n'avait pas remarqué que tous les magistrats présents riaient de toutes leurs forces.

Les deux jeunes lutteurs poursuivaient cependant leur thèse. Le magistrat reprochait au militaire les pillages, les incendies, les meurtres, les trahisons, les manques de foi, les surprises sanglantes, les villages saccagés, les campagnes ravagées, les massacres, le tout pour une vaine gloire. Il montrait les suites de la guerre, le désespoir, la famine, les épidémies, les déshonneurs, les générations éteintes, les profanations, les ruines, le tout pour un vain bruit de renommée : sur quoi, ajoutait-il, on commençait à s'extasier beaucoup moins.

— Et quelles sont, continua-t-il, les causes ordinaires de la guerre ? Tantôt deux princes qui veulent en dépouiller un troisième ; tantôt le prétexte de secourir un allié, que l'on ruine ensuite. On fait invasion dans un pays au moment où la disette et les inondations le désolent, ou bien quand les factions le déchirent. On massacre la moitié des habitants pour asservir l'autre. Les liens de famille ne sont même plus rien. On est devenu féroce : on a du sang au visage et aux mains, et on en est fier ; on est souillé de meurtres, et on s'en vante ; et les plus honorés sont ceux qui ont tué le plus.

Il est fâcheux que l'honnête Maximilien Dechamps n'ait pas vécu de nos jours. Il eût pu s'appuyer de grandes autorités. A la bataille d'Austerlitz, le maréchal Soult, qui commandait le centre d'attaque, franchit du premier choc trois lignes de l'armée russe, en jette quatre divisions sur le lac Kenitz, alors gelé; puis, par une inspiration de génie,... il ordonne à l'artillerie de pointer à rompre la glace, si bien que ce corps d'armée, infanterie, cavalerie, tout fut englouti et disparut en peu d'instants. C'était un magnifique et terrible coup d'œil, disent toutes les relations : seize mille hommes qui recevaient à la fois, dans d'horribles angoisses, une mort effroyable !

— Pour rendre la guerre encore plus horrible, reprit Maximilien, que n'avez vous pas inventé? Vous avez inventé le sabre, la lance, la hache, la dague, le mousquet, le canon, les bombes. Vous avez imaginé les mines et les contre-mines ; et, comme si la guerre sur la terre ferme n'était pas assez affreuse, vous y avez ajouté la guerre navale. On conte qu'un ange chargé d'une mission ici-bas, au temps des troubles qui finissent à peine, aperçut deux flottes qui se livraient bataille. A la vue des flammes et du sang, des mourants et des morts, des explosions, des cadavres lancés dans les airs; aux cris, aux hurlements, aux blasphèmes, il crut qu'il s'était trompé de chemin et qu'il était en enfer....

Au surplus, dit enfin l'orateur, mettre l'épée au-dessus de la robe, c'est mettre les travaux du corps au-dessus de ceux de l'esprit, et la force brutale au-dessus du génie.

Charles de Lannoy reçut très bien l'assaut qu'il venait de subir; il ne se troubla pas des applaudissements qu'on prodiguait à son adversaire. A son tour, il reprocha de nouveau aux hommes de robe les fourberies, les suppositions, les chicanes, la mauvaise foi, le mensonge, les familles dépouillées, les parties volées au nom de la justice, toutes mines et contre-mines pires que celles des soldats, dit-il. Il énuméra tous ces méfaits malheureusement incontestables, qui font de la justice une plaie.

— Si nous avons des torts, nous autres, ajouta-t-il, notre excuse est encore en ce point que nous sommes forcés d'agir : nous marchons par ordre. Nous allons au péril de notre vie; tandis que l'homme de robe ne combat que de la langue et n'a pas d'autre arme à craindre. Vous comparez la robe à l'épée sous les emblèmes de l'esprit et du corps, comme s'il ne nous fallait que la force seule. L'art militaire ne demande-t-il pas aussi une certaine dose d'intelligence? Ne faut-il pas autre chose que la force brutale pour pénétrer les intentions de l'ennemi, lui susciter des embarras, deviner ses projets et ses stratagèmes? Mais ce qui élève le plus notre cause, c'est qu'il lui faut plus d'une sorte de courage dont vous n'avez pas besoin. Vous vous retirez tout frais, gaillards et riches; et de notre glorieuse carrière, où la plupart restent sur le carreau, ceux qui s'échappent reviennent pauvres, blessés, mutilés. Aussi je vous dirai encore la chanson de Lessines, ville qui a eu tant de procès, qu'on l'appelle toujours dans mon pays terre de débats :

> Consilio vous parlez,
> A l'abri des aventures ;
> Mais vous en avez de dures,
> Lorsque manu vous allez.
> C'est métier de tablatures
> Que le métier de soldat;
> Mais le métier d'avocat
> Est métier de confitures.

— Voilà qui donne gain de cause à la robe, s'écria Courthardy. La chose est dignement controversée; et mon fils reconnaît lui-même que l'épée n'est pas notre fait. Maître Michel, c'est pompeusement traité.

Le magistrat, se tournant alors vers Maximilien Dechamps, le complimenta sur le parti qu'il avait pris de s'adonner à la jurisprudence, et lui promit sa protection. Puis félicitant aussi Charles de Lannoy :

— Vous parlez trop bien, lui dit-il, pour ne pas être des nôtres. J'espère que votre passion militaire n'est qu'en paroles.

— Pardon, messire, répondit le jeune homme; j'ai déjà fait quelques campagnes, qui ne seront pas les seules. Mes pères ont porté l'épée: je dois les suivre.

— Je respecte un tel motif, répliqua Courthardy. Mais, si je vous juge bien, la délicatesse de votre esprit ne vous permettra pas toujours ces résolutions brusques et féroces qu'on exige des militaires de nos jours.

Quant à vous, notre ami Michel, vous êtes à nous désormais. Vous serez le précepteur de mon fils; et je ne vous demanderai qu'une concession légère, c'est que vous changiez votre nom de Langlois, qui sonne mal à mes vieilles oreilles. Vous n'avez rien de commun avec ces têtes de fer britanniques, que je compare à des vautours dans leurs repaires ; qui ont fait tout le mal dont souffrent nos contrées, et qui en feront bien d'autres, jusqu'à ce qu'un nouveau Scipion châtie cette nouvelle Carthage. Au lieu d'Anglicus, docteur, nous vous appellerons Francus, si cela ne vous déplaît point ; vous y verrez une allusion à la verte leçon que vous venez de nous donner.

Michel s'occupa de ses fonctions, qui lui assuraient une existence aisée et honorable. Le peu qu'il avait vu du monde l'en avait dégoûté : il entra dans les ordres ; et, aussitôt qu'il fut prêtre, le président le présenta au cardinal Philippe de Luxembourg, qu'il avait connu évêque du Mans, et qui venait d'être nommé évêque de Thérouanne. Le prélat goûta Michel, lui donna une cure dans son diocèse ; et, dans un voyage qu'il fit en Italie, il l'emmena avec lui. Michel profita de son séjour à Pavie, en 1505, pour achever l'étude du droit ecclésiastique. Il revint à Paris l'année suivante, et y professa la jurisprudence canonique avec un merveilleux succès. Mais peu à peu on ne le retrouve plus, soit qu'il fût mort bientôt ou qu'il eût tout à fait quitté le monde. Ses poésies élégantes ont été imprimées à Paris en 1507, avec ce titre, qui rappellera toujours le caprice du président Courthardy sur son nom : *Michaelis Anglici, Franci dicti, varia opuscula.*

Maximilien Dechamps, qui disparaît aussi devant nos recherches, exerça probablement sans bruit la jurisprudence dans le Hainaut.

Charles de Lannoy, fidèle à l'épée, gagna par ses faits d'armes le collier de la Toison d'Or en 1516, le gouvernement de Tournai en 1522. Charles-Quint le fit, l'année suivante, vice-roi de Naples. Il contribua beaucoup au gain de la bataille de Pavie; et ce fut à lui, comme au plus loyal chevalier, que François Ier voulut remettre son épée.

Mais, en effet, la délicatesse de ses sentiments le fit accuser plus d'une fois de manquer de résolution et d'audace.

Il mourut en 1527, avec les titres de prince de Sulmone, comte d'Ast et comte de la Roche. Son exemple prouve que l'épée loyalement portée donne au moins de la gloire.

LA VIEILLE D'AUDENARDE

> Le chien est le modèle de la fidélité. Mais il y a quelquefois des êtres humains qui le valent.
> GOLDSMITH.

Il y a eu souvent en politique de vives sympathies ; et notre époque le témoigne encore, malgré l'égoïsme qui domine. Quelquefois on les suce avec le lait ; quelquefois aussi on les forme. Souvent elles sont subordonnées à l'intérêt ou aux habitudes ; parfois elles deviennent des passions. Cet homme qui tomba mort en apprenant le meurtre du roi de France Henri IV, avait pour ce monarque plus qu'une sympathie ordinaire. Cette bonne dame de Milan qui expira lorsqu'on lui annonça la mort du roi Louis-XII, qu'elle ne connaissait pas, poussait très loin encore son admiration exaltée.

Une vieille femme d'Audenarde, au XIVe siècle, nourrissait depuis plus de quarante ans (elle en avait quatre-vingts) un attachement passionné pour son prince le comte Louis de Maele, que pourtant la majorité de ses sujets repoussait, à cause de ses tendances françaises. Cette femme était fière d'habiter Audenarde, la ville fidèle par excellence, la ville que Philippe d'Artevelde, avec toute son armée de Gantois et tout son formidable appareil de machines, n'avait pu prendre. Elle se vantait, en relevant la tête autant qu'elle la pouvait relever, d'être née à Audenarde. Elle jurait que jamais les Gantois rebelles n'y mettraient le pied; et, comme si elle ne se fût pas fiée, pour la garde de la place, aux sentinelles qui veillaient la nuit sur les remparts comme si elle n'eût pu être sûre que d'elle-même. depuis que le siége d'Audenard était levé, c'est-à-dire depuis plus de deux ans, elle s'était constituée la surveillante assidue de la ville contre tout coup de main.

Elle s'était logée hors de l'enceinte, à cent pas de la porte de Gand, dans une petite cabane qu'elle partageait avec sa vache. Malgré ses quatre-vingts ans, elle avait de bons yeux, de bonnes oreilles et de bonnes jambes. Elle faisait tous les soirs sa tournée, sous prétexte de chercher de l'herbe pour sa compagne; et personne ne soupçonnait ses pensées, dont on aurait ri sans doute.

Or les idées de cette femme n'étaient pourtant pas si absurdes. Les Gantois, toujours en rébellion contre Louis de Maele, continuaient à vivre indépendants, à faire la guerre, et, dans l'été de l'année 1383, ils en revinrent au désir de prendre Audenarde, qui leur interceptait le commerce par le Haut-Escaut.

François Ackerman, l'un de leurs capitaines, ayant appris que le commandant d'Audenarde était allé au secours des Français, que les Anglais occupaient devant Bourbourg; sachant que la ville était gardée alors avec négligence, qu'elle ne songeait plus à se défier des Gantois, et que les fossés, du côté des prairies qui vont à Eyne, étaient à sec, parce qu'on venait de les pêcher, François Ackerman, ne perdant pas de vue un vieux projet, s'en alla trouver Pierre van den Bossche, comme lui capitaine de Gand, et lui exposa son espoir d'enlever Audenarde par surprise.

— Faites-le donc, lui dit Pierre ; et si vous réussissez, ce sera un acte dont vous tirerez grandes louanges.

— Eh bien ! répondit François, Audenarde n'est qu'à cinq lieues ; nous y serons cette nuit.

Ayant dit cela, il prit, parmi ses hommes, quatre cents bons compagnons, en qui il avait confiance. Il partit un peu avant la nuit, sans faire bruit de son dessein. C'était au mois de septembre ; les nuits commencent alors à devenir longues. Ackerman et ses gens arrivèrent à onze heures du soir, par les marais, à un quart de lieue d'Audenarde ; là ils s'arrêtèrent un moment pour aviser.

Mais ils avaient été entendus par la vieille femme, qui rôdait encore dans les environs, malgré l'heure avancée. Elle s'approcha en reconnaissance, se glissant derrière les haies ; et, dès qu'elle eut entendu le langage des ennemis, elle courut par un petit chemin creux qu'elle connaissait ; elle arriva sur les fossés, bien avant les Gantois, et de sa voix grêle mais perçante elle appela le bonhomme qui faisait le *guet aux remparts*. Il lui demanda qui elle était, et ce qu'elle voulait ?

— Je suis la pauvre vieille, lui cria-t-elle à

voix basse. Je viens vous dire qu'il y a près d'ici une quantité de Gantois. Je les ai vus ; ils portent des échelles pour surprendre Audenarde, s'ils le peuvent. Prévenez les gardes; et moi je m'en revais; car s'ils me trouvaient, je serais morte.

La vieille s'éloigna; l'homme de guet demeura tout ébahi. Froissard, qui raconte cette scène, dit qu'il pensa bien faire en demeurant coi, pour voir si cette femme disait la vérité.

Les Gantois cependant s'avançaient un peu; le hasard voulut que la pauvre femme, en s'en retournant, se trouva encore sur leur chemin. Elle se cacha derrière des broussailles, voyant tout sans être vue. Elle entendit François Ackerman disant à quatre de ses compagnons :

— Allez tout bas, sans sonner mot et sans tousser, jusqu'aux remparts ; regardez en haut et en bas ; voyez si vous n'entendez ni n'apercevez rien, et revenez avec précaution.

Les autres demeurèrent immobiles dans le marais, pendant que les quatre soldats remplissaient leur mission. Ils s'en vinrent jusqu'aux fossés, regardèrent les murs, et ne virent ni n'entendirent rien. Une seule chandelle allumée eût pourtan sauvé la ville; car les Gantois eussent pensé qu' y avait guet. Les quatre hommes s'en revinrent à François, qui, bien content de leur rapport, se mit à dire : — Voici minuit; tenez pour le sûr que le guet de nuit a fait son tour, puis s'est allé coucher; tout le monde dort. Allons par le chemin d'en haut vers la porte. De là, sans trompette, nous descendrons vers les fossés.

La vieille entendit encore toutes ces paroles, et, dès que les Gantois se furent éloignés, elle se remit en chemin, précipitant ses pas en dépit de l'âge. Elle revint de nouveau à l'homme de guet, qui écoutait toujours sur les murs; elle lui dit, à voix basse, comme la première fois, tout ce qu'elle avait vu et entendu, lui recommandant, au nom de Dieu, qu'il se tînt sur ses gardes et qu'il s'en allât à la porte de Gand prévenir les sentinelles.

— Dans un moment, ajouta-t-elle, les Gantois seront sur leur dos.

Elle poursuivit :

— Et moi je m'en revais, car je ne puis plus demeurer ici. Pour cette nuit, vous ne me reverrez point.

L'homme de guet fut ébranlé par cette persistance de la vieille. Il se rendit à la porte de Gand; les gardes veillaient. Il les trouva jouant aux dés et leur raconta ce qu'avait vu la bonne femme.

— La peste de la vieille ! répondirent-ils. Elle a vu ses vaches qui sont déliées ; ou bien, en allant faire de l'herbe, elle a pris peur ! Les Gantois ont bien autre chose à faire que de venir à une heure du matin nous déranger !

Pendant qu'ils disaient ces paroles, en continuant leur jeu, François Ackerman, parvenu aux fossés qui étaient à sec, y plantait ses longues échelles ; ses quatre cents compagnons, ne rencontrant personne sur cette partie des remparts, y montèrent à leur aise, traversèrent la ville sans obstacle, et se rendirent en silence au marché. Ils y trouvèrent une trentaine d'hommes qui faisaient la garde assez mal, les tuèrent, crièrent *Gand!* à grand vacarme, et furent maîtres d'Audenarde en moins d'une heure.

De grandes cruautés furent commises, beaucoup d'innocents furent mis à mort, les meilleures maisons pillées, les magasins de la ville furent expédiés à Gand, et Audenarde ne se sauva de la ruine qu'en prêtant le serment de fidélité aux Gantois.

La vieille femme, ayant appris le matin toutes ces nouvelles, ne souffla mot ; mais elle pensa en son esprit que, n'ayant pu sauver la ville, il fallait maintenant la délivrer; car elle avait son idée fixe; elle ne croyait pas qu'on pût vivre autrement que sous le gouvernement du Comte. Mais, dégoûtée des hommes de guet et des menus bourgeois, elle dressa son plan de plus haute façon.

Comme elle allait se mettre en marche pour émouvoir quelque chef, une trêve d'un an fut signée entre la France et l'Angleterre; les Gantois y furent compris. Toutes les choses durent rester dans l'état où elles se trouvaient, et Gand fut maintenu dans la possession d'Audenarde. Pour le moment il n'y avait donc rien à faire.

Plusieurs mois se passèrent ainsi: la vieille ne regardait plus sa ville qu'en soupirant. Elle attendait la fin de la trêve. La garnison gantoise ne l'attendit pas. Elle s'avisa d'aller piller Schoorisse, domaine des environs d'Audenarde, qui appartenait à Arnold de Gavre, vaillant homme de guerre, lequel servait dans le parti de Philippe-le-Hardi et du roi de France.

Louis de Maele était mort le 9 janvier 1384 : la vieille femme d'Audenarde n'avait pas succombé à cette nouvelle; mais elle avait reporté sa vive affection sur Marguerite de Maele, fille du comte

Louis, et sur Philippe-le-Hardi, son époux. Elle alla donc trouver messire Arnold de Gavre, seigneur de Schoorisse, et le prévint qu'il pouvait avoir sa revanche.

— Et ainsi, dit-elle, vous rendrez au Comte, mon seigneur, et à notre bonne dame Marguerite, leur loyale ville d'Audenarde. François Ackerman est à Gand, se reposant sur la trêve; il n'y a dans la ville que petite garnison, gouvernée par le capitaine Rasse de Herzeele, qui est un dormeur. Venez le matin, messire, avec vos amis, et Audenarde est à vous.

Le sire de Schoorise, que M. de Barante appelle le sire d'Escornai, vit quelque chose de si extraordinaire dans la vieille femme, qu'il l'écouta attentivement et se concerta avec elle. Le lendemain matin, à la pointe du jour, quelques paysannes entrèrent dans la ville, portant du lait, des œufs et du beurre. Derrière elles venaient six charrettes de foin, dont les cinq premières entrèrent. Pendant que les gardiens se remuaient pour les visiter, le charretier de la dernière, arrêtée au milieu de la porte, coupa les traits des chevaux pour empêcher de baisser les herses. Des soldats cachés sur les six charrettes s'élancèrent aussitôt, s'emparèrent des gardes : au même instant le sire de Schoorisse, embusqué dans un petit bois voisin, parut avec quatre cents hommes d'armes ; et la ville fut reprise.

Rasse de Herzeele se sauva. Les Gantois, furieux de cette erte, voulaient s'en prendre à la négligence d'Ackerman, qui eut l'adresse de se rejeter sur Herzeele : on accusa ce dernier de trahison ; il fut mis à mort par le peuple irrité. La bonne femme reçut de Philippe-le-Hardi quarante sous d'argent. C'était alors généreux.

Il y a, sur cette ville d'Audenarde, beaucoup d'anecdotes singulières. Par occasion, nous en rapporterons une autre :

LA GRANDE CLÉ

> Une clé mène toujours à quelque chose.
>
> L'ABBÉ PRÉVOST.

PAR une froide soirée de printemps, c'était le 12 avril de l'année 1452, à Gand, deux bourgeois très éveillés descendaient une de ces petites rues qui aboutissent à la digue de Brabant ; ils se rendaient, sans interrompre une conversation animée, au cabaret du Faisan, sur le quai du Bas-Escaut. Le plus apparent de ces deux Gantois était maître Arnold van Speck, maçon de son métier, un de ces hommes vivaces que tout le monde connaît dans une ville ; l'autre un peu plus jeune, Pierre van Speck, était forgeron : deux bons frères, dans la vigueur de l'âge, et deux gaillards résolus.

— Je te ferai ta grande clé, disait Pierre le forgeron ; mais je voudrais savoir à quoi elle te pourra servir. Est-ce que le magistrat t'aurait chargé de bâtir, pour nos archives, quelque solide caveau à porte de fer ? Ou bien veut-on enserrer le trésor de la cour ? Une clé qui pèsera dix livres, et qui a plus d'un pied de long ! Je suis curieux, frère ; et tu me mets sur l'enclume.

— Eh bien ! mon garçon, reste quelque peu entre l'enclume et le marteau : je ne te dis que cela ; plus tard tu sauras tout. Mais fais-moi ma clé.

— Tu l'auras demain ta clé. Si seulement tu me disais un mot ? Tu m'as donné un modèle en bois : la serrure existe-elle ? Est-ce pour ouvrir ou pour fermer ? Est-ce pour la ville ou pour la campagne ?

— C'est pour une idée ; tu verras ce que c'est qu'une idée ; je ne te dis que cela. Tu sauras tout après-demain. Ecoute donc : des seigneurs, comme nous autres de Gand, doivent se montrer supérieurs aux petites passions ; et tu peux bien modérer ta curiosité pendant deux jours. Surtout ne dis pas un mot de cette clé devant nos compères...

En achevant cette recommandation, accompagnée d'un geste qui imposait encore le silence, Arnold tourna le loquet du cabaret du Faisan ; et les deux frères demandèrent un pot de bière.

— Quelles nouvelles ? leur cria de sa place Cornélius Sneissen, l'un des plus robustes bouchers de Gand.

— Le fer chauffe et le soufflet va rondement, répondit Pierre van Speck. Le bon duc croit déjà nous tenir dans son étau.

— Et il se flatte, ajouta Arnold, de la pensée qu'il n'aura pas de peine à nous démolir. Je ne vous dis que cela.

— Il est persuadé, reprit Sneissen en riant à grand bruit, que nos priviléges le dépouillent de ses droits, et il veut les abattre.

— Il s'occupe, dit Pierre, à nous forger des conditions de paix.

— Il nous trouvera unis et inébranlables comme un mur, ajouta Arnold. Mais je sais que ce qui l'offense le plus, c'est ce titre de seigneurs, que les bourgeois de Gand se sont donné.

— Ce titre de seigneurs, répliqua un vieux marchand à l'œil vif, nous autres de Gand nous l'avons conquis : je vous citerai vingt gentilshommes qui le portent, et qui n'ont pas autant de privilèges que nous. D'ailleurs c'était le seul moyen de rétablir ici l'égalité que nous voulons tous. Ce moyen, c'est le grand Artevelde qui l'a imaginé.

On voit qu'ici, comme en beaucoup d'autres choses, nos pères peuvent revendiquer la priorité sur nous qui nous croyons pourtant bien plus progressifs. Quand Lanjuinais, en 1849, eut reconnu que les Français, si amis de l'égalité, n'aimaient pourtant que l'égalité qui monte, et qu'il proposa, lui comte de l'empire de la création de Napoléon, pair de France de la création de Louis XVIII, que pour satisfaire à tant d'ambitions on décernât par une loi à tout citoyen le titre de prince, que tout homme eût de l'Altesse, que les trente-deux millions de Français pussent être appelés monseigneur, et cela comme moyen d'établir une égalité réelle, — il ne faisait que reproduire la pensée mise en pratique sous Artevelde et conservée chez les Gantois pendant plus d'un siècle.

Il y avait longtemps que la cour des comtes de Flandre protestait contre cet usage aristocratique des démocrates gantois. La cour de Philippe-le-Bon, plus vaniteuse qu'aucune autre, s'était vingt fois insurgée à ce propos. Philippe n'attendait qu'une occasion favorable pour interdire une telle coutume.

L'occasion favorable était venue, si on pouvait la saisir. Au moment dont nous parlons, les Gantois, si souvent insoumis, étaient en pleine révolte contre leur prince. Alors Philippe-le-Bon, le souverain de l'Europe le plus riche en beaux domaines et en opulentes villes, lui dont la splendeur étonnait l'Asie même, qui l'appelait le grand duc d'Occident; Philippe-le-Bon possédait tout la Belgique, avec la Hollande, la Zélande, la Frise, la Flandre française, le Cambrésis, l'Artois, la Bourgogne, une partie de la Picardie et d'autres provinces. Les Gantois, en 1436, n'avaient pas voulu le servir au siége de Calais plus longtemps que ne le portaient leurs privilèges : quoiqu'il y eût de cela plus de quinze ans, il leur gardait rancune. Il avait débuté, dans ses projets de châtiment contre eux, par l'établissement d'un impôt sur le sel. Les Gantois le refusaient; et comme les villes de Flandre, frappées de la même mesure, se montraient disposées à entrer en coalition avec eux, le duc venait d'envoyer de fortes garnisons à Audenarde, à Termonde, à Rupelmonde et à Gavre. Après cela il avait imposé un nouveau droit sur le blé et la farine. Les Gantois s'étaient mis en pleine révolte; ils avaient chassé les magistrats nommés par le duc, banni ses adhérents, et institué une commission chargée de gouverner, sous la présidence de Daniel Sersanders, ancien doyen des métiers. Les chaperons blancs avaient reparu, et ils couraient le pays.

Comme nos amis Arnold et Pierre van Speck vidaient leur second verre de bière (alors on ne fumait pas encore, attendu que le tabac n'était pas découvert; et la conversation y gagnait, et les hommes étaient plus excitables, et nos pères faisaient ce que nous ne ferons plus, depuis qu'on nous a donné des cigares et des pipes), — deux jeunes tisserands entrèrent dans le cabaret.

— Bonne nouvelle, dit le premier, qui était Claes Odry, et triomphe aux blancs chaperons! Ils viennent d'enlever Gavre; ils ont mis hors les gens du duc, et ils ont su établir là une garnison qui est à nous.

Ce fut, parmi tout le cabaret, de grands battements de mains et des cris de joie à rompre les vitrines, dans leurs petits enchâssements de plomb.

— Comment ont-ils fait cela? dit le maître du

logis en apportant tout empressé un énorme verre de bière double à Claes Odry.

— Ils ont profité de l'heure où le gouverneur était sorti, répondit le jeune tisserand. Cela s'est fait; et pas une goutte de sang n'a été repandue.

— Voilà pour la bonne nouvelle, poursuivit le compagnon de Claes; mais il faut vous dire le reste. Tout n'est pas succès le même jour. Le bon duc vient d'envoyer le sire de Ternath à Alost, qui tient pour lui; et le vieux rusé a confié la défense d'Audenarde... : devinez à qui ? Au brave chevalier Simon de Lalaing.

— Cela ne m'inquiète point; je ne vous dis que cela, s'écria Arnold van Speck.

— Et moi, cela m'inquiète un peu, répliqua Sneissen. Simon de Lalaing est homme de cœur. Il gagnera la confiance de ceux d'Audenarde.

— C'est déjà fait, dit Claes Odry. Il y est entré avec sa femme et ses enfants, en compagnie du sire de Shoorisse, qui a introduit dans la place une bonne artillerie.

— Audenarde n'est pas facile à prendre comme Gavre, dit Pierre : rappelez-vous la longue résistance qu'elle a opposée à Philippe d'Artevelde ?

— Eh bien ! cela n'empêche pas qu'on tentera de prendre Audenarde, répliqua Arnold.

— Il n'y a en effet que ce moyen d'effrayer le duc, exclamèrent plusieurs voix.

Et tout le cabaret s'entretint longuement de la nécessité de prendre Audenarde.

— On se rassemble après-demain sur le marché au Vendredi ; trouvez-vous y avec vos armes, mes compères, je ne vous dis que cela, cria le maçon en quittant le cabaret.

Et il regagna son logis, avec son frère, à qui il ne manqua pas de recommander de nouveau sa grosse clé.

Le 14 avril au matin, une foule compacte de Gantois, armés de bâtons ferrés, de piques, de couperets, de fléaux, d'arcs et de sabres, encombrait le marché au Vendredi, respirant la guerre et demandant un chef qui voulût les conduire à Audenarde. Aucun de ceux qui briguaient cet honneur ne réunissait les suffrages, lorsque le maçon Arnold van Speck se présenta, ayant sur son épaule un sac, dans lequel il portait son énorme clé. Il la tira du sac, l'éleva au-dessus de sa tête, et s'écria :

— Seigneurs de Gand, voici la clef d'Audenarde : si vous voulez me suivre, j'espère vous en ouvrir la porte; je ne vous dis que cela.

Une clameur générale couvrit ces paroles; les trois ou quatre mille Gantois assemblés proclamèrent Arnold leur capitaine. C'était là son idée; et il partit à leur tête, se dirigeant sur Audenarde.

Les trois ou quatre mille hommes qui l'accompagnaient se grossirent en route; en arrivant sous les murailles de la cité que défendait Simon de Lalaing, le capitaine Arnold n'avait guère moins de douze mille soldats improvisés et peu faits pour la discipline. Mais comme chef, on lui dressa le soir une belle tente, avec des sentinelles; et en soupant joyeusement avec son frère qui l'avait suivi :

— Que penses-tu de mon idée? lui dit-il : me voici capitaine des Gantois.

— C'est bon, répondit Pierre, un peu inquiet. Mais il faut en faire les fonctions.

— Me voici capitaine, le plus difficile est fait; je ne te dis que cela.

Et le brave maçon s'endormit, bercé de doux rêves.

Simon de Lalaing cependant, à l'approche des Gantois, s'était hâté d'envoyer un messager à Philippe-le-Bon. Puis, ayant fermé les portes d'Audenarde, il avait assemblé les bourgeois de la ville et achevé de gagner leur confiance, en leur distribuant des armes et leur déclarant qu'il remettait en leurs mains la garde de la place.

Le lendemain matin, à la tête de deux cents archers et de quelques cavaliers, il fit une sortie; mais les Gantois, s'étant formés en bataillon carré, le repoussèrent dans la ville. Il y rentra, aussi troublé de leur nombre que surpris de voir qu'il ne songeassent pas à investir la ville. Les bonnes gens, confiants dans le maçon qu'ils avaient pris pour chef, comptaient bien qu'il allait leur ouvrir la porte d'Audenarde avec la grosse clé qu'il portait dans son sac, et ne jugeaient pas nécessaire d'entreprendre un siége; ils passèrent la seconde nuit à boire et à chanter.

Ce qui surtout les rejouissait, c'était l'arrivée du grand canon fabriqué sous Philippe d'Artevelde, et que l'on admire encore à Gand comme un monument de l'audacieuse industrie de nos pères. Le 16 avril au matin, on le tira contre la ville, où il jeta l'épouvante. Mais à la quatrième décharge, l'affût s'étant rompu, il fallut recourir à d'autres moyens. Les Gantois alors sommèrent leur capitaine de leur ouvrir les portes d'Audenarde avec sa grande clé, comme il l'avait promis.

— C'est fort juste, répondit Arnold ; c'est ce que nous allons faire. Mais pour ouvrir une porte il faut pouvoir s'en approcher, je ne vous dis que cela.

En même temps il brandit sa grosse clé, d'un air martial ; et les Gantois se mirent à construire sur l'Escaut un pont qui fut fait en quelques heures. Simon de Lalaing, les voyant faire, prenait aussi ses mesures. Sous la conduite de sa femme, toutes les dames d'Audenarde apportaient dans des hottes et dans des paniers, sur leurs dos ou sur leurs têtes, des pavés et des briques, qu'on lança aux Gantois lorsqu'ils eurent franchi le pont ; cette réception les fit reculer.

Arnold tenait toujours sa clé à deux mains, et répétait :

— Si vous me frayez le chemin jusqu'à la porte et que je mette la main dessus, vous serez dedans ; — je ne vous dis que cela.

Plusieurs jours se passèrent sans qu'on pût avancer ; et les Gantois, commençant à se fatiguer, recoururent à la ruse. Au bout de leurs flèches, ils lancèrent dans la ville des lettres adressées à

Simon de Lalaing et rédigées de manière à faire croire que le bon chevalier était convenu de leur livrer la ville, moyennant une somme d'argent; mais la loyauté de Simon était si claire pour les bourgeois d'Audenarde, que cette malice ne trompa personne.

Cornelis Sneissen, le boucher, avisa alors un autre stratagème. Simon de Lalaing avait laissé deux enfants dans le Hainaut. On habilla en petits gentilshommes deux enfants de même taille et de même apparence ; on les amena devant les créneaux où se trouvaient Simon et sa femme.

— Nous tenons vos enfants, Simon de Lalaing, cria Cornelis, et nous les allons tuer, si à l'instant vous ne rendez la ville.

Comme il achevait ces paroles, six bouchers élevèrent leurs couperets au-dessus des innocentes créatures. La pauvre mère tomba évanouie ; Simon, pâle d'horreur, fit un effort sur lui même, et répondit :

— J'étais chevalier avant d'être père ; pour sauver mes enfants, je ne perdrai ni ma vertu ni mon honneur,

— Allons, cela ne prend pas, dit Pierre van Speck, ne faites pas peur plus longtemps à ces petits.

Et il les emmena dans la tente de son frère.

Le 26 avril, on apprit que l'avant-garde de Philippe-le-Bon s'approchait d'Audenarde, sous la conduite de Jacques de Lalaing, qu'on appelait spécialement le bon chevalier, à cause de sa vertu et de sa grande bravoure Après quelques escarmouches, les Gantois furent contraints de se retirer et d'abandonner Audenarde, pour courir au secours de Gand, que Philippe-le-Bon menaçait. Notre ami, le maçon capitaine, rapporta sa grande clé, sans perdre son commandement ; ce qui prouvait que son idée avait été bonne. Mais comme on lui reprochait de n'avoir pas ouvert les portes d'Audenarde, il répliqua : — Cette clé-là en ouvrira d'autres. Je ne vous dis que cela.

LE VOLEUR DE NIEUPORT

> Il n'y a qu'un seul juge qui soit infaillible.
> LE CARD. PIERRE D'AILLY.

EN l'année 1163, la petite ville de Zandhoft (Tête de sable) changea son nom pour s'appeler Nieuport, parce que Philippe d'Alsace y faisait ouvrir un port nouveau. Thierry, son père, venait de retourner pour la quatrième fois en Palestine ; et Philippe, qui devait lui succéder, gouvernait les Flamands en son absence.

Philippe aimait beaucoup le séjour de Nieuport ; il y venait souvent et se délassait des travaux de l'administration en faisant sur mer de petites parties de promenades avec des barques où se tenaient d'habiles musiciens. Peu à peu il prit en affection singulière les habitants de Zandhooft ; et

Vennoo, le fléchier.

il céda à leurs prières en leur accordant des priviléges où il les appelle *mes bourgeois de la nouvelle ville*. Il leur donna un tribunal (*Vierschare*) et des lois et coutumes, dont quelques-unes qui vont nous occuper un instant font voir que les épreuves judiciaires étaient encore en usage dans la Flandre au douzième siècle.

» Si quelqu'un est blessé pendant la nuit, disent ces lois, et qu'il soupçonne le coupable, les échevins peuvent obliger l'accusé à se purger par l'épreuve du fer chaud. »

Ce moyen consistait dans l'action de porter à la main nue un fer rougi au feu. Si la main se brûlait, l'accusé était coupable ; car on croyait que le Ciel faisait continuellement un miracle pour l'innocent.

» Si l'accusé refuse de se soumettre à l'épreuve, poursuit la loi, il perdra la main. »

» Si quelqu'un est accusé de vol, dit un autre article, il se purgera par le fer ardent ; et si son délit est prouvé ainsi, il sera pendu.

» Mais si l'accusateur n'affirme pas par serment que son accusation est consciencieuse, l'accusé sera mis en liberté. »

Or en l'année 1168, un jeudi soir, à l'heure où

la nuit devenait sombre, un fléchier de Nieuport qui gagnait honnêtement sa vie dans son état, et qui se proposait même d'établir une corporation de fabricants de flèches, quoiqu'ils ne fussent que cinq dans la petite cité, un fléchier donc qui se nommait Vennoo mangeait bourgeoisement un plat de poisson au beurre, seul assis devant une petite table, sans lumière ; car Vennoo avait trop d'ordre pour allumer la lampe en d'autres temps que les heures de travail, et il bravait les arêtes, auxquelles il était accoutumé.

Alors on n'avait pas encore inventé les fourchettes. Le bourgeois se servait pour porter les mets à sa bouche d'une ample et commode cuiller d'argent ; c'était un prix qu'il avait gagné dans la dernière solennité où la confrérie des archers avait tiré le papegai. Personne que lui ne touchait à ce meuble de luxe.

Il s'en prélassait fièrement ce soir-là, lorsque tout à coup, à travers les dernières lueurs d'un jour mourant, qui le visitait encore par sa fenêtre à petits vitraux, il vit paraître, aussi prompt que l'éclair, un personnage fluet, léger, un peu sombre, qui semblait s'être barbouillé le visage pour n'être pas reconnu.

Le personnage mal intentionné se jeta d'un bond sur le fléchier, lui administra un grand coup de poing à travers la figure, empoigna sa cuiller d'argent, et disparut avec son vol.

Le fléchier, étourdi du soufflet, reprit ses sens au bout d'une demi-minute, en frémissant à la pensée qu'il n'avait plus sa chère cuiller d'argent. Il courut à sa porte, criant au voleur, n'apercevant plus aucune trace de son coquin, qui semblait s'être évanoui, mais amassant à ses clameurs tout le voisinage.

Vennoo demeurait au coin de la place Notre-Dame. C'était l'heure où les travaux cessent : l'aventure du bourgeois fut bientôt connue de toute la petite ville.

Il dépeignait si exactement le voleur fluet, que tous les voisins, d'une voix unanime, déclarèrent que c'était incontestablement Willibrord Raeghen, petit homme agile, mince, et léger, de la confrérie des cordiers, habituellement vêtu de gris sombre, comme le disait Vennoo.

Le fléchier se persuada d'autant mieux que ce soupçon tombait juste, qu'il se rappela la rivalité de Raeghen, les espérances que ce dernier avait eues de gagner le prix du tir à l'arc, le dépit qu'il avait montré en le voyant adjugé à Vennoo. Il referma sa porte en disant :

— J'irai demain à la *vierschare*. Et, pendant que la foule se dispersait, il rêva à son voleur : il s'endormit convaincu que c'était Willibrord Raeghen, comme s'il l'eût vu de ses yeux, en plein soleil.

Le lendemain matin, Vennoo, ayant mis son manteau de drap de Bruges, s'en alla au tribunal des échevins, où il accusa formellement Willibrord Raeghen, de la confrérie des cordiers, d'avoir, la veille au soir, pénétré dans sa maison, avec noirs desseins; de l'avoir là frappé au visage, délit prévu par le premier article que nous avons cité; et ensuite de lui avoir volé sa cuiller d'argent, crime puni par le deuxième article mentionné ci-devant.

Un des échevins qui demeurait vis-à-vis de Vennnoo trouva le délit et le crime monstrueux dans un pays civilisé ; car nos pères croyaient l'être aussi, et peut-être se flattaient-ils comme nous. Il cita l'accusé devant lui. Mais l'accusé était à Gand depuis deux jours; du moins sa famille le disait. Il n'arriva qu'une heure après la sommation de la *vierschare*, il témoigna de l'étonnement et de l'indignation ; il protesta de son innocence, cria à la calomnie, et offrit de prouver son *alibi*.

La majorité des juges ne vit pas la nécessité de recourir à des moyens si lents.

— La loi est bien plus prompte, dirent-ils ; et elle est formelle. Vous êtes accusé ; *l'alibi n'est pas dans la loi* ; vous vous purgerez par l'épreuve du fer chaud.

— Vous pouvez être tranquille, Willibrord, dit un des échevins. Si vous êtes innocent, comme vous le dites, le fer rouge ne vous fera pas le moindre mal ; cela s'est vu.

Le cordier se débattit contre ce raisonnement ; mais, pour son malheur, deux voisins de Vennoo qui en effet avaient vu passer comme un trait le voleur de la cuiller vinrent témoigner qu'ils reconnaissaient Willibrord ; ils ajoutèrent même qu'il s'était enfui par la maison de l'échevin. Elle faisait face à celle du fléchier ; la cour de cette maison étant un passage public, cette nouvelle circonstance aggrava l'accusation.

Le président de la *vierschare* pria donc Vennoo d'attester par serment que sa plainte était consciencieuse. Le fléchier, convaincu, jura ; et aussitôt on fit apporter un vaste réchaud; on fit rougir une barre de fer pesante.

Le pauvre petit cordier, épouvanté de ces apprêts, pleurait et regardait ses mains.

— Vous me permettrez au moins de faire l'épreuve avec la main gauche, dit-il. L'autre est mon gagne-pain

— On le permettra, dit un échevin ; car la loi dit : « La main, » sans préciser laquelle. Mais vous vous sentez donc coupable, Willibrord ?

— Non, je suis innocent ; mais ma main sera brûlée.

— Alors n'importe laquelle, Willibrord ; car si votre main brûle vous serez reconnu pour le criminel, et vous serez pendu.

Le cordier se mit à pleurer.

Cependant la barre de fer était rouge. On ordonna à Willibrord Raeghen de la saisir et de la porter à vingt pas.

Il s'approcha, toucha la barre de deux doigts de la main gauche, qui se roussirent aussitôt et lui firent pousser des cris lamentables. Il n'eut pas le courage d'y retourner. Si bien que l'exécuteur, prenant la barre de fer avec une grande pince, la lui mit sur la main.

Le cordier fit un hurlement et laissa tomber la barre de fer. Une fumée de chair rôtie s'éleva; sa main gauche était horriblement endommagée.

— Il est coupable, dirent les échevins. Qu'il soit donc pendu, comme dit la loi: *Suspendetur.*

On dressa une potence devant la maison du fléchier. On y amena Raeghen avec un confesseur.

Quand tout fut prêt, on lui donna le dernier repas du patient. C'était une assiette de soupe à la bière. On lui mit à la main une cuiller de bois.

Mais le pauvre cordier avait le cœur si gonflé, qu'il remuait sa cuiller dans son assiette sans pouvoir la porter à sa bouche.

Tous les assistants commençaient à s'apitoyer. Vennoo lui-même, sentant qu'il s'attendrissait, leva les yeux au ciel et les reposa sur le pignon de l'échevin son voisin. Alors il fit une exclamation qui attira tous les regards; et tout le monde vit, au haut de la maison du juge, un grand singe brun, que des croisés avaient ramené de l'Asie, et qui, avec une cuiller, imitait, dans une tuile creuse, tout ce qu'il voyait faire au condamné.

Bientôt dans cette cuiller brillante le fléchier crut reconnaître son cher prix du tir à l'arc. Les deux voisins qui avaient aperçu le voleur commencèrent à croire qu'ils pouvaient bien s'être trompés, et qu'ils avaient pu prendre le singe de l'échevin pour Willibrord, à qui il ressemblait assez dans l'obscurité.

Le pauvre cordier, qui dans une autre circonstance eût vu là une injure, reprit un peu de cœur et d'espoir. Il soutint qu'en effet il ressemblait au singe; il fut charmé de voir que tout le monde adoptait cette conviction. Cependant on poursuivait le singe. On l'atteignit nanti de la cuiller.

L'innocence de Willibrord fut proclamée aussitôt et on le mit en liberté.

Mais, en vertu de la loi, on demanda justice du vrai voleur. Le singe e l'échevin était si méchant, que son maître eut beau parler en sa faveur, et dire que la loi n'était pas faite pour lui, on lui répondit par le texte de la loi : *Si quis*, c'est-à-dire *si quelqu'un, si quelque être ;* et le singe fut pendu au gibet préparé pour le voleur de la cuiller.

UNE FÊTE DU XVIᴱ SIÈCLE

> C'est la moralité de cette comédie.
> ALFRED DE MUSSET.

La maison qui porte, sur la grand' place de Bruxelles, l'enseigne de l'*Écrevisse* était occupée en 1545 par Antoine Bernart, marchand de tableaux, de tapisseries, et d'autres objets d'art et de curiosité, qu'on a toujours recherchés dans les Pays-Bas.

Cette année-là, le dimanche d'avant la Pentecôte, toutes les maisons se tendaient de draperies pour une grande cavalcade de fête qui allait avoir lieu, et qui était annoncée depuis longtemps. Aussi avait-elle attiré dans la ville bon nombre de marchands et de pèlerins.

L'hôtel de ville de Bruxelles était richement décoré. Ses balcons, recouverts de vastes tapis de velours, semblaient attendre une société distinguée. Bernart, voulant surpasser ses voisins, avait orné toute la façade de sa maison, depuis le rez-de-chaussée jusqu'au faîte, de tableaux anciens représentant tous des animaux. Il n'avait laissé au jour que la place des verrières, où les passants prétendaient avec malice qu'on allait bientôt voir d'autres bêtes ; de plus, son enseigne de l'*Écrevisse*, qu'il estimait trop pour la couvrir, et qu'il n'avait prise en manière d'emblème que parce que, très passionné pour le gothique, il prétendait avec raison peut-être que la Renaissance était un pas rétrograde, et que l'art reculait.

La Grand' Place était jonchée de feuillages ; toute la ville, animée, se montrait en joie : les cloches sonnaient à toutes volées dans les églises, et on entendait la musique et les chants lointains de la procession qui allait passer, lorsqu'en effet, parmi les figures de sangliers, de bœufs, d'ânes, et d'oiseaux de basse-cour, qui rayonnaient sur la maison de Bernart, plusieurs têtes d'hommes et de femmes s'avancèrent aux fenêtres, à la grande joie des faiseurs de quolibets, lesquels se vengeaient par l'épigramme du déplaisir d'être foulés dans la rue et de voir mal.

Antoine Bernart, fier de la belle tenue de sa maison, parut à une croisée du troisième étage qu'il avait exclusivement réservée pour lui et son ami Cornelissen, vieillard de quatre-vingts ans, ancien roi du serment des arbalétriers, que son grand âge empêchait de suivre la procession. Bernart fixait sur les balcons de l'Hôtel-de-Ville un regard d'impatience. Il attendait que l'honorable compagnie qui devait les occuper parût et jetât sur sa façade ce coup d'œil admirateur qui paie un artiste.

— Et vous m'assurez, dit-il d'un air distrait à Cornelissen, que nous allons voir la confrérie des Arbalétriers au complet?

— Silence! répondit en se redressant le vieux Cornelissen : les balcons de l'Hôtel-de-Ville se remplissent ; la procession est proche.

En effet les deux terrasses qui surmontent les péristyles de l'Hôtel-de-Ville s'étaient en un moment garnies d'une foule brillante, toute chamarrée d'or et de dentelles, à l'exception pourtant d'un jeune homme qui marchait grave et entouré des plus grands respects, et dont la figure avait une austérité froide. Il était totalement vêtu de noir.

— Me direz-vous, demanda Bernart à son ami, quel est cet homme de loi qui fait contraste au milieu d'une cour si éclatante ?

— Ne le connaissez-vous pas, Antoine ? C'est le prince Philippe, le fils de Charles-Quint, son héritier et notre futur souverain. Il est arrivé de Madrid pour voir son noble père, qui se plaît parmi nous, et qui parle notre langue comme il parle toutes les autres. Celui-là dit peu de choses : on ne lui a appris que l'espagnol.

— Il ne regardera pas ma maison, s'écria Bernart. Et voyez-vous Charles-Quint, cette bonne figure flamande, qui a les yeux sur nous et qui rit de si grand cœur ? Voilà certes, avec sa barbe qui grisonne déjà, un menton impérial, un menton césarien, mon brave Cornelissen.

— Et quelle est cette jeune princesse aux traits douloureux, avec laquelle il s'entretient à présent, la main tendue de notre côté ?

— C'est répondit le vieil arbalétrier, la princesse Marie de Portugal, épouse de Philippe II ; elle lui a donné un fils, qu'ils appellent Don Carlos et qui promet peu de bien. On dit qu'elle se meurt, la pauvre jeune dame !

Comme ils en étaient là de leur conversation

animée, en dépit du son des cloches et des carillons, les clameurs plus rapprochées et le bruit plus sonore des instruments de musique annoncèrent que la procession, ou, pour parler plus correctement, la cavalcade de fête, débouchait sur la place. Mais Cornelissen et Bernart n'en passèrent pas moins en revue toute la cour de Charles-Quint et de son fils, les chevaliers de la Toison-d'Or, les dames d'honneur, les généraux, les princesses, et les ambassadeurs étrangers. On reconnaissait avec éclat le comte d'Épinoy, le baron Jean de Trazégnies, Regnaud seigneur de Brederode, Philippe de Lalaing, les sires de Sécus, de Mérode, de Robiano, et d'Hoogvort ; Philippe de Lannoy, prince de Sulmone ; Jean de Ligne, comte d'Aremberg ; la dame de Steenhuys, la princesse de Chimay, la duchesse d'Egmont, la jeune comtesse d'Aerschot, la marquise de Berghes, les dames de Rodes, de Ghyseghem, et de Grobendonck ; la baronne de Berlaimont, MM. de Stassart, de Morreghem, d'Esterbeeck ; don Diégo de Mendoza, duc de l'Infantado ; le duc d'Albe, le duc d'Albuquerque ; André Doria, prince de Melfi, et beaucoup d'autres dames et seigneurs pressés autour de leur souverain.

Tous ces puissants personnages occupaient le vaste balcon de la petite rue de l'Étoile. L'autre était abandonné à une cour moins grave et plus joyeuse.

C'était surtout dans le but d'amuser Philippe II qu'on avait construit la cavalcade ou montre qui entrait lentement alors sur la Grand' Place, par la rue au Beurre. Cette procession était si bizarre, que des curieux en ont conservé la description, et que nous devons en retracer ici les principales circonstances.

Nous avons dit qu'elle marchait au son de toutes les cloches et de tous les carillons de la ville. A la suite des bannières, on vit paraître sur des chars de triomphe ce qu'on pourrait appeler la tragédie ; car ordinairement, dans ces anciennes pompes, il y avait toujours quelques spectacles en action.

Ces spectacles attiraient la foule, gâtée de meilleures fêtes qu'aujourd'hui ; et, par les dépenses qui se faisaient, ils profitaient aux bonnes gens des villes.

On vit donc en tête de la marche, sur de petits amphithéâtres ambulants traînés par des chevaux parés, des groupes de personnages qui représentaient les principaux mystères de la vie de Notre-Seigneur Jésus-Christ et de Notre-Dame. Ils étaient escortés de Pénitents à pied : leur ensemble était fermé par un diable en forme de bœuf monstrueux, qui jetait du feu par les cornes. A ses côtés marchaient deux enfants vêtus en loups, et derrière lui un homme à cheval couvert d'armes étincelantes, avec l'épée et la lance en main : c'était saint Michel, patron de la ville.

Les corps de métiers suivaient comme intermède, chacun sous sa bannière ; et après eux venait la comédie, ou la suite joyeuse de la montre.

C'était d'abord un chariot portant la musique la plus vive, et, dit-on, la plus harmonieuse qu'on eût jamais entendue. Un grand ours assis touchait un orgue, non pas composé de tuyaux, comme c'est l'usage ; mais ne devant sa mélodie qu'à un assemblage de vingt-quatre chats enfermés séparément dans des caisses étroites où ils ne pouvaient remuer. Leurs queues sortaient par des trous faits exprès ; elles étaient liées à des cordes attachées au clavier de l'orgue. A mesure que l'ours en pressait les touches, il élevait les cordes, et tirait les queues des chats, qui miaulaient et formaient exactement, selon les calculs de celui qui avait inventé cette machine, les tons de basse, de taille, et de dessus, selon la nature des airs que l'on voulait chanter.

Tous ceux qui, comme témoins auriculaires, ont rapporté ces détails, assurent que l'ours exécuta différents airs, avec son singulier instrument, d'une manière si précise, que cette éclatante musique ne fit pas un seul ton faux. Aussi réjouit-elle Philippe II, qui même, s'il faut en croire la relation de Christoval, se mit à rire de grand cœur, ce qui lui arrivait rarement.

Au son d'un orgue si merveilleux, dansaient des singes, des ours, des loups, des cerfs et d'autres animaux, ou plutôt d'autres hommes sous diverses peaux de bêtes. Ils étaient sur un vaste théâtre mobile que traînaient huit mules.

Sur un autre char qui suivait, on voyait deux singes jouant de la cornemuse dans une cage de fer. Devant la cage était une magicienne, et à l'entour dansaient des enfants habillés de manière à représenter également la fable des compagnons d'Ulysse, que Circé changea en pourceaux.

A la suite de ces choses singulières venaient les chars des arts et du commerce, puis la confrérie des arbalétriers dans toute sa splendeur, et les autres serments de la ville de Bruxelles, représentée par une dame à cheval ; puis deux hommes habillés en aigles, à l'honneur de Charles-Quint ; enfin deux lions portant l'épée fermaient ce cortége.

Quand cette cavalcade, qui pourrait bien encore nous charmer aujourd'hui, eut défilé tout entière, ce qui dura plus d'une heure, les balcons se vidèrent, sans que Philippe II eût paru remarquer les tableaux de Bernart. Toutes les maisons se détendirent ; mais le marchand de tableaux ne dégarnit la sienne qu'à la chute du jour.

Le lendemain, les magistrats de la ville demandèrent un petit subside pour payer les frais de la fête. Ceux qui s'en étaient le mieux divertis crièrent alors. C'était le quart d'heure de Rabelais.

Cornelissen leur dit :

— Ne vous plaignez point : l'argent dépensé en fêtes n'est point perdu. Les hôtels garnis étaient pleins ; les aubergistes ont vidé leurs buffets, les marchands leurs boutiques ; les ouvriers ont travaillé tous ; vous vous êtes gobergés.

— Et moi, dit Bernart, j'ai vendu tous mes vieux tableaux.

UNE FEMME EN CHAMP CLOS

> Maintenant nous nous battons en duel;
> et ces prétendues affaires d'honneur, qui
> mettent la vie d'un honnête homme à la
> merci d'un spadassin, font périr plus
> d'innocents en une année que les combats judiciaires n'en voyaient mourir en
> plus d'un siècle, dans toute l'Europe.
> LOUIS VEUILLOT.
> *Pélerinages de Suisse.*

Après que Charles-le-Téméraire eut confisqué les franchises de la ville de Liége, qu'il ruina, comme on sait, en 1468, pour châtier sa rébellion ; après qu'il eut fait abattre, sur le Grand-Marché, le Perron, symbole antique de la liberté liégeoise, forum que les citadins comparaient avec orgueil au forum romain ; et qu'il eut soumis cette grande cité à des commissions de justice qui n'avaient d'autre loi que la volonté du monarque ; après qu'il eut épouvanté de sa cruelle justice Tongres, Saint-Trond, et toutes les villes amies de la cité indocile, les Liégeois, qu'on n'avait pas dépouil-

Voyage de Begghe à Bruxelles.

lés de leur fierté native et de l'indépendance un
peu vaniteuse de leurs pères, prirent en horreur le
prince qui, de leur souverain, s'était fait leur tyran.

Dans son âme obstinée, Charles fut contraint à
reconnaître que, malgré leur rudesse, les Liégeois
étaient des hommes ; il n'en continua pas moins à
les traiter comme des esclaves. Aussi ne régna-
t-il jamais paisiblement sur eux. C'étaient tous
les jours, dans cette ville irritée, des troubles, des
émeutes, et du sang. Les rebelles étaient mis à
mort, sans que l'esprit de rébellion cessât de
croître.

Pour comble de malheur, il y eut dans ces troubles des chefs qui, comme il s'en voit toujours,
exploitaient à leur profit le mécontentement public, et qui, selon l'usage encore, disparaissaient
quand les tentatives d'insurrection avaient échoué,
pour laisser tomber sur les subalternes le poids
des vengeances du prince. Guillaume de la Mark,
devenu si fameux par la suite sous le nom de *San-
glier des Ardennes*, commençait alors les menées
qui devaient plus tard placer son fils sur le trône
des princes de Liége.

En 1473, fomentée par lui sans qu'il se mon-
trât, il y eut à Liége une émeute ; elle n'eut d'autre

résultat que du sang versé. Une petite troupe de trente hommes, commandée par Hubert Coppins, ardent Liégeois qui ne calculait guères et qui se croyait né pour sauver sa patrie, résistait seule encore aux archers du duc de Bourgogne. Acculée contre un quai de la Meuse, la petite troupe se défendait vaillamment, sachant bien qu'elle ne devait pas attendre de grâce. Il n'en restait plus que huit homme vivants, lorsque l'intrépide Hubert reçut à la gorge un grand coup d'épée, de la main d'un homme d'armes, qui, après l'avoir frappé, le jeta dans la Meuse. Les sept autres, découragés, se rendirent, et furent pendus sur le Grand-Marché.

On prononça pareillement la sentence des morts; on détruisit leurs maisons, on saisit leurs biens ; on les exécuta en effigie, quoiqu'ils fussent déjà devant Dieu.

Or Hubert Coppins était marié, seul soutien, avec son frère Sylvestre, d'une ancienne famille d'armuriers du pays. Les deux frères, qui se chérissaient, avaient épousé à Bruxelles, Gertrude et Begghe, les deux sœurs. Sylvestre, ne pouvant supporter le désastreux spectacle de sa ville accablée, s'était fixé à Bruxelles avec Gertrude sa femme; il habitait une petite maison de la rue appelée depuis rue d'Argent [1].

Hubert, sans blâmer son frère, n'avait pas voulu quitter son pays; il espérait, comme on l'a vu, contribuer à lui rendre la liberté. Au milieu des peines que lui faisait éprouver l'odieuse tyrannie de Charles-le-Téméraire, il avait du moins ce bonheur intérieur que donne une excellente femme dont on est sûr d'être chéri. Begghe était pieuse et douce.

Elle avait vingt-huit ans, lorsque, par la mort de son mari, la ruine de sa maison, et la confiscation de ses biens, elle se trouva sans ressource et sans asile dans la ville de Liége. Elle s'en revint donc à pied à Bruxelles, n'emportant avec elle que son enfant, qui était une innocente petite fille dans sa troisième année. Elle n'osa rentrer que de nuit dans sa ville natale, et frappa avec inquiétude à la porte de sa sœur.

Sylvestre, tout en avouant qu'il ne se fût jamais consolé si son frère s'était laissé prendre pour mourir au gibet, pleura longtemps et amèrement la perte de son cher Hubert. Il loua pour sa belle-

---

[1] *Sylver-Straet*, corruption de *Sylvester-Straet*, en mémoire, dit-on, du héros en second de cette histoire.

sœur une petite maison voisine de la sienne; il lui promit de ne l'abandonner jamais; et, suivant une coutume dont on retrouve en ce temps-là beaucoup d'exemples, considérant qu'elle était veuve d'une victime dont on n'avait pas retrouvé les restes, il la conduisit à l'église des Petits-Frères-du-Fossé-aux-Loups, depuis église des Augustins; il lui fit jurer solennellement, au pied de l'autel, qu'elle ne se remarierait point, qu'elle ne donnerait point à Hubert de successeur, et qu'après que sa fille, qu'il fallait élever, serait pourvue, elle se retirerait au Grand-Béguinage, sous la protection de sainte Begghe, sa patronne.

La jeune veuve jura sur les saintes reliques; et Sylvestre, à son tour, fit le serment de nourrir sa belle-sœur, de la vêtir, elle et son enfant, pour l'amour de son frère mort, jusqu'à ce qu'un sort meilleur lui permît de se passer de son aide. Il fit célébrer un service funèbre pour le repos de l'âme d'Hubert; il se mit à travailler avec plus d'assiduité et de persévérance de son métier d'armurier, qui lui donnait une aisance modeste. Mais il venait de prendre des charges nouvelles.

Begghe vécut donc dans une profonde retraite, préoccupée du souvenir de ses malheurs, travaillant sans cesse de ses mains à des tissus de dentelle, s'occupant d'élever sa fille, ne voyant que sa sœur et son beau-frère, allant tous les soirs prier au Béguinage, et ne connaissant qu'un vieux religieux du couvent des Petits-Frères, qu'elle avait pris pour son confesseur. Tout lui semblait étranger dans Bruxelles, à l'exception de ce qui touchait la ville de Liége; elle ne pouvait en entendre parler sans éprouver une sorte de frémissement.

Un jour, on lui annonça qu'on allait pendre au Grand-Sablon un Liégeois rebelle, lequel, condamné à mort par la commission de justice qui décimait Liége, s'était échappé, était venu à Bruxelles, et avait été reconnu par les agents du duc de Bourgogne. Cette nouvelle parut la mettre hors de sens; elle courut presque échevelée à ce cruel spectacle, en revint plus calme, mais gravement malade. Cependant, malgré ses souffrances, qui demandaient de grands ménagements, elle ne manqua pas un seul jour d'aller prier au Béguinage.

Trois années se passèrent de la sorte. A la fin, les absences que Begghe faisait tous les soirs étaient quelquefois si longues, que la médisance les remarqua. On débita tout bas que l'austère veuve s'était remariée en secret; qu'elle avait faussé bien certainement les engagements pris devant Sylvestre ; qu'on l'avait vue entrer dans une maison de médiocre apparence où elle n'avait pas affaire. Les soupçons et les médisances se multiplièrent au point, que Sylvestre finit par s'en frapper, et qu'un jour il vint dire à la pauvre veuve :

—Begghe, vous avez forfait à l'honneur.

—Dieu m'est témoin, répondit-elle d'un ton suppliant, que je ne l'ai point trahi.

—Begghe, s'écria-t-il, vous mentez par la gorge. Vos serments violés me dégagent des miens.

En disant ces mots, il la repoussa, sortit, et il fit défense à sa femme de revoir jamais Begghe.

L'infortunée baissa la tête, et continua d'aller tous les soirs au Béguinage, malgré la calomnie.

Alors Sylvestre, qui se croyait déshonoré dans la veuve de son frère, alla demander justice. Sur l'information qui se fit, on obtint le jugement de Dieu.

Les duels entre un homme et une femme n'étaient pas communs. Quand la femme était riche, elle prenait un champion, qui combattait pour elle. Si elle avait un fiancé, il entrait en lice avec le bonnet de sa dame au bout de sa lance. Lorsqu'elle était pauvre, il fallait qu'elle se battît elle-même. Begghe fut obligée d'accepter le duel contre son beau-frère.

Les circonstances de cette ordalie étaient si extraordinaires, qu'il y vint beaucoup de spectateurs. On avait creusé dans la rue du Fossé-aux-Loups, vis-à-vis l'entrée de l'église des Petits-Frères, un trou circulaire, profond de deux pieds et demi, d'un diamètre de quatre pieds. Un chemin, large de quatre pieds également, circulait autour de ce trou, clos de l'autre côté par une forte barrière. L'homme pour tout champ de bataille avait ce trou; la femme pouvait agir à l'entour, mais sans sortir du chemin de quatre pieds.

Après que les deux combattants eurent entendu la messe, et qu'ils eurent juré, Sylvestre, avec assurance, que sa cause était bonne et sainte, Begghe, sans rougir, que sa cause était sainte et juste, on les conduisit au lieu du combat, qu'un prêtre venait de bénir. On fit lecture de la loi du duel, qui condamnait l'homme, s'il était vaincu, à avoir la tête tranchée, la femme, si elle succombait, à être enterrée vivante.

Ils entrèrent dans la lice, qui se referma ; et un des juges leur donna les armes dont ils devaient se servir. C'étaient, pour l'homme comme pour la femme, trois gros bâtons longs d'une aune[1]. Seulement ceux de la femme étaient armés d'une courroie, au bout de laquelle était attachée une pierre qui pesait une livre. L'usage était que si, en voulant frapper la femme, l'homme, au lieu de rencontrer celle-ci, touchait la terre, il perdait un de ses bâtons. Il en était de même pour la femme, lorsque, cherchant à porter son coup, elle frappait à faux. Celui des deux combattants qui perdait le premier ses trois bâtons était reconnu coupable, et soumis à la sentence de mort.

Begghe et Sylvestre, s'étant mis à genoux, firent le signe de la croix, prièrent un instant, et se relevèrent au son de la cloche du couvent, qui devait tinter pendant tout le combat. Ce duel avait lieu le 10 janvier.

Begghe, qui ne voyait qu'avec horreur la pensée de tuer le frère de son mari, mais qui était forcée de se défendre, ne fit usage ni de ses bâtons ni de ses grosses pierres, et ne s'étudia qu'à éviter d'être atteinte.

Sylvestre se portait à ce combat avec acharnement, pénétré de l'idée qu'il remplissait un devoir

---

[1] L'aune de Bruxelles avait alors 70 centimètres.

sacré. Il perdit ses trois bâtons, sans avoir frappé Begghe pendant un combat d'une heure. On le fit donc sortir de son trou pour le mener à l'échafaud

Begghe demandait grâce, paraissant effrayée entre deux grands périls. On voyait qu'elle avait un secret qu'elle ne pouvait révéler, lorsque la foule s'écarta pour faire place au vieux religieux qui était son confesseur. Il amenait un homme dont l'aspect fit pousser à Sylvestre un grand cri; car il reconnut son frère Hubert.

Begghe s'était évanouie. Après que les soins de son mari l'eurent ramenée à la vie, il conta comment il avait été retiré vivant de la Meuse, comment il s'était guéri par les soins d'un charbonnier qui l'avait caché longtemps dans sa mine; comment il était venu en secret rejoindre sa femme; comment, nouvelle Éponine, elle l'avait nourri en silence, depuis près de quatre ans, dans une obscure maison du Béguinage.

Le bon vieux moine, seul confident de cette retraite, se hâta de rassurer Begghe sur le sort de son mari, en lui annonçant qu'on venait d'apprendre à l'instant même la mort de Charles-le-Téméraire, tué le 5 janvier devant Nancy; et l'avènement de sa fille Marie de Bourgogne, qui, pour premier acte de son règne, se souvenant qu'elle était née Bruxelloise, accordait dans tout le pays amnistie sans réserve de tous les délits passés.

Sylvestre, remis en liberté, soupa ce jour-là entre sa belle-sœur et son frère. Hubert ne pouvait se lasser d'embrasser sa fille, qu'il n'avait pas vue depuis tant d'années; tous rendaient grâce à Dieu du résultat de son jugement, et tous reconnaissaient qu'il faut y regarder à deux fois avant de croire le mal dans les cœurs honnêtes.

UN DUEL DE VILAINS

> Tu ne tueras point.
> DÉCALOGUE, V.

ON trouve dans les fastes de Bruxelles, qui viennent de nous fournir — UNE FEMME EN CHAMP CLOS, — un duel de vilains. — Il eut lieu en 1430.

Vers la fin de l'année 1429, souverain de la plus grande partie des Pays-Bas, mais n'étant pas encore duc de Brabant, dont pourtant il allait bientôt recueillir l'héritage, Philippe-le-Bon, ardent et jeune (il avait trente trois ans), se montrait pour Isabelle de Portugal, sa gracieuse fiancée, aussi épris que courtois. C'est en son honneur qu'il voulut établir l'ordre de la Toison-d'Or, ce qu'il fit durant les fêtes de son mariage.

Or, étant venu de Bruges à Bruxelles avec sa cour, pour les fêtes de Noel de l'année 1429, il voulut, le 26 décembre, envoyer à Termonde, en secret, une lettre, dont il ne chargea pas, selon son usage, maître Colin-Boute, roi des Ribauds[1] de son hôtel, — il craignait ses indiscrétions, — ni Humbert-Coustain, son valet de chambre ; — il songea pour son message à Guillemin Fyot.

C'était un bossu très jovial, qui eût pu remplir au besoin l'office de fou de la ville. Il était un peu clerc, arrangeait les procès, faisait des écritures, se chargeait de choses délicates, riait toujours, plaisait à tout le monde, et avait dix fois amusé le duc. Il avait trois fils, qui l'aimaient tendrement, et qu'il avait nommés Laurent, Paul, et Géry. L'aîné avait vingt-huit ans ; le plus jeune, dix-neuf. Ces choses sont utiles à noter pour la suite.

Philippe, ayant donc fait venir Guillemin Fyot en sa présence, lui confia presque à l'oreille cette mission importante. Le bossu promit de la remplir avec soin.

— Si Votre Altesse veut me faire donner un bon cheval, ajouta-t-il, je serai ce soir à Termonde, et demain je vous apporterai la réponse.

Le duc appela aussitôt Jacot de Roussay, l'un des vingt-quatre archers nobles de sa garde, et lui commanda d'équiper sur-le-champ pour son ami Guillemin l'un de ses meilleurs chevaux. Il mit

---

[1] Le roi des Ribauds était une sorte de chef de police.

une bourse dans la main du bossu, qui, au bout d'un quart d'heure, était hors de Bruxelles.

La gaîté a le malheur d'être quelquefois caustique; et Guillemin avait un ennemi. C'était un sergent (de nos jours on dirait un huissier) qui se nommait Nicolas, et qui gagnait sa vie à poursuivre les bonnes gens, souhaitant et fomentant les procès avec autant d'ardeur que le bossu en mettait à les arranger, à la male-rage du mauvais homme. Il s'était plus d'une fois raillé du sergent, qui était un gaillard mal tourné, avec une figure osseuse et carrée, et un œil gris caché sous d'épais sourcils.

Le sergent avait juré de se venger; mais il ne l'osait publiquement, de peur de la justice de Philippe-le-Bon.

Par hasard, ledit sergent, revenant de Termonde, rencontra dans un bois qui se trouvait sur la route le pauvre bossu, allant bon train. Il pleuvait à torrents; les chemins étaient déserts; le ciel était sombre; la nuit arrivait. Nicolas, reconnaissant de loin son ennemi, se résolut vivement à profiter de l'occasion favorable. Il se jeta au milieu de la route, en cet endroit-là resserrée; il arrêta le cheval, et se mit à frapper, d'un pesant gourdin qu'il portait, sur notre ami Guillemin, qu'il renversa mort dans un fossé.

Peut-être ne voulait-il pas pousser si loin sa rancune. Mais il paraît qu'il n'en eut pas de regret; il dévalisa le bossu, monta sur son cheval, et continua sa route vers Bruxelles, en songeant au parti qu'il devait prendre. Sans doute qu'il ne se proposait pas de rentrer dans la ville avec le cheval du bossu, ce qui aurait pu le trahir.

Mais, par un autre hasard, le duc de Bourgogne, réfléchissant, après le départ de son messager, au présent qu'il venait d'envoyer pour les étrennes de Noel, pensa tout à coup que le bossu pouvait être dévalisé dans la route et envoya Jacot de Roussay à sa suite. L'archer partit, une heure après le départ de Guillemin Fyot.

Le sergent assassin n'avait pas fait une demi-lieue sur le cheval du bossu, qu'il aperçut la livrée noire et grise du seigneur duc. En un instant il se rencontra nez à nez avec Jacot de Roussay. Celui-ci, reconnaissant le cheval, l'arrêta brusquement:

—Qui vous a donné ce palefroi? dit-il.

Nicolas, qui avait l'esprit délié, s'était préparé une réponse:

— Je l'ai trouvé tout à l'heure, répondit-il sans embarras.

— C'est un cheval de monseigneur le duc de Bourgogne, reprit l'archer ; je l'avais donné à Guillemin Fyot.

Le sergent comprit rapidement sa situation.

— Guillemin Fyot, n'est-ce pas le bossu de la rue de Namur?

— Justement, le duc l'avait chargé d'une mission.

— Il lui sera survenu quelque malheur, reprit Nicolas. Cet homme a coutume de boire. Il aura laissé à la porte de quelque cabaret ce pauvre cheval, qui s'en revenait seul à la ville. J'ai même cru distinguer ici près Guillemin ivre, à califourchon sur un pan de mur, qu'il piquait à grands coups d'éperons. Il aura cru être remonté sur sa bête.

— C'est possible, répliqua Jacot. Je n'en dois pas moins suivre mes ordres et chercher le bossu. Mais vous allez me rendre le cheval.

— La chose est juste, dit le sergent, qui s'en revint à pied à Bruxelles.

Malheureusement l'archer, ne se défiant de rien, ne le fouilla pas. Il eût saisi les preuves du crime.

Lorsqu'il fut arrivé, avec ses deux chevaux, au

fossé où le bossu gisait, Jacot l'aperçut ; il descendit, ne le croyant qu'ivre ; il l'attacha sur son cheval, le conduisit à Termonde, et le déposa chez un chirurgien, qui déclara qu'il était mort. Jacot, effrayé, fouilla le bossu. Voyant qu'on l'avait volé : — C'est un assassinat, — dit-il. Là-dessus il remonta à cheval, s'en revint à Bruxelles, et conta au prince la funeste aventure.

On n'osait trop soupçonner le sergent, qui jouissait d'une bonne renommée. Cependant Philippe irrité, ayant reçu du duc de Brabant, son parent, tout pouvoir de se faire justice, Philippe exigea qu'on fît chez lui des recherches ; on ne découvrit rien. On l'interrogea : il se borna aux réponses avec lesquelles il avait trompé l'archer.

La nouvelle de la mort du bossu se répandit vivement. Elle toucha beaucoup de monde. On fit mille conjectures, et le public, moins circonspect que les juges, accusa tout haut le sergent. Les trois fils de Guillemin, dans la douleur et le désespoir, ne doutèrent pas que Nicolas ne fût le coupable. Ils savaient que leur père ne s'enivrait jamais. Le jour suivant, ils se présentèrent en habits de deuil devant Philippe-le-Bon, criant justice et vengeance, et se portant accusateurs du sergent.

Le duc, leur ayant dit qu'il n'y avait aucune preuve pour procéder contre celui qu'ils disaient l'assassin, ils demandèrent, selon les priviléges du pays, le duel judiciaire, et jetèrent tous trois leurs gants de laine. Philippe ne pouvait leur refuser l'exercice de ce droit. Mais, comme ils étaient vilains et manants, il ne leur était pas permis de se battre à l'épée. On fit venir le sergent, qui, vigoureux et robuste, accepta avec effronterie, déclarant qu'il se fiait au jugement de Dieu,—parce qu'il comptait sur sa force et sur la faiblesse de ses trois jeunes adversaires.

Il fut arrêté que les fils de Guillemin se battraient l'un après l'autre, en commençant par l'aîné et finissant par le plus jeune. Le duel devait avoir lieu le surlendemain, 30 décembre. En attendant, on mit les accusateurs et l'accusé dans des prisons séparées, ayant chacun deux archers pour leur garde et un escrimeur pour leur montrer à manier le bâton. Pendant ce temps, on prépara des lices à la place dite du Petit-Sablon, qui devait être le champ de bataille.

Le sergent et ses adversaires furent conduits, le 30 décembre, à neuf heures du matin, vers la place du Petit-Sablon. Ils étaient habillés de cuir noir poli, qui les serrait étroitement pour ne pas laisser de prise. Ils avaient chacun un écu ou bouclier d'osier, haut de trois pieds environ, et un bâton de coudrier de même longueur, avec un arrêt sur le poignet. Leurs ongles étaient coupés, leurs pieds nus, leurs têtes nues et rasées.

Tout le peuple de Bruxelles, qui s'intéressait aux fils de Guillemin, accourut à ce spectacle, compatissant à leur douleur et faisant des vœux pour leur triomphe. A la messe qu'ils firent célébrer en l'église de Notre-Dame-de-la-Victoire, invoquant le saint roi David, vainqueur de Goliath, dont ce jour-là on fête la mémoire, il y eut bien des voix qui s'unirent à leurs prières.

Au sortir de l'église, Laurent Fyot, qui était l'aîné, s'avança dans la lice, avec son bouclier et son bâton. Il fit plusieurs signes de croix et jura sur les saints Évangiles que sa querelle était bonne. Le sergent vint du côté opposé à Notre-Dame--de-la-Victoire, armé pareillement, et fit les mêmes cérémonies. On leur présenta des cendres dans lesquelles ils mirent les mains, pour mieux tenir leurs bâtons. Le duc n'avait pas voulu qu'ils fussent aiguisés. Le premier échevin de la ville fit proclamer un édit qui défendait, sous graves peines, de donner aucun cri ni signe en faveur de l'un ou de l'autre des combattants ; après quoi il jeta le gant de Laurent Fyot dans la place, criant : « Faites votre devoir ! » Les deux champions s'élancèrent avec fureur, l'un brûlant de venger son père, l'autre défendant sa tête. Après un quart d'heure de coups violents donnés ou reçus, Laurent, exténué, tomba évanoui. On l'emporta sur une estrade, comme vaincu, et les assistants redoublèrent leurs prières mentales.

Paul Fyot succéda à son frère ; il reçut au bras un coup si ferme, qu'il fut mis en un instant hors de combat.

Il ne restait donc que Géry, le plus jeune et le plus déterminé ; mais le vigoureux sergent semblait encore avoir repris de la force dans ses premiers succès. La lutte dura longtemps ; les bâtons s'échappèrent, et les deux champions se prirent au corps ; mais enfin Nicolas fut une troisième fois vainqueur.

Aussitôt, au milieu de la consternation générale, le bourreau, accompagné de ses aides, dressa trois potences ; car, dans ces combats, le vaincu, réputé coupable, devait mourir, sans espoir d'obtenir sépulture en terre sainte, et, au contraire, avec la certitude horrible qu'après avoir été pendu il serait traîné sur la claie, par les rues de la ville. Le duc, qui avait assisté à ce triste duel, qu'il n'avait pu empêcher, se désolait de ne pouvoir faire grâce. Mais le droit du combat, dans plusieurs villes, était un privilége que le souverain ne pouvait abolir sans le consentement des ordres de l'État et du peuple. Pendant qu'il se rappelait des faits plus funestes encore produits par cette barbare coutume, et qu'il témoignait aux seigneurs qui l'entouraient l'ardent désir qu'il avait déjà exprimé souvent de remplacer de si odieux usages par d'équitables lois, le sergent triomphait. Le bourreau et ses aides avaient fini leurs apprêts, et les trois fils de Guillemin Fyot allaient être pendus, quand le bossu, qu'on croyait mort, parut subitement à cheval, accompagné du médecin de Termonde.

Les assistants poussèrent de grands cris, le sergent se troubla. Le bossu, porté aux pieds de Philippe-le-Bon, que sa vue soulagea, conta son aventure et son retour à la vie, produit par une saignée copieuse. Un bouton qu'il avait arraché à son ennemi fut une preuve; le crime fut bientôt établi, constaté, et le sergent fut pendu.

Le bossu fut reconduit en triomphe à son logis, avec ses braves enfants, qui tous heureusement se guérirent en peu de jours.

Le lendemain 31 décembre, plusieurs seigneurs qui avaient approuvé, durant le combat, les vœux de Philippe-le-Bon, MM. Regnier Pot, seigneur de Thoré ; Hugues de Lannoy, seigneur de Santen ; Antoine, seigneur de Massincourt ; Pierre de Bauffremont, comte de Charny, et Jean de Croy, comte de Chimay, rédigèrent une supplique qu'ils firent signer par le clergé et la noblesse, par les ordres de justice, par les magistrats du peuple, et par les mendecks ou anciens de la ville, pour la suppression du duel judiciaire. Le premier jour de l'an, ils portèrent ce présent au duc, entouré de sa cour; Philippe-le-Bon les accueillit avec une grande joie, et leur dit :

—Vous êtes de nobles seigneurs : voilà le don le plus cher que vous puissiez me faire ; en retour, nous vous donnerons bonne justice. Et pour ceci, qui met le comble à vos loyaux faits, dans dix jours, Messires, au premier chapitre de notre ordre de la Toison-d'Or, qui se tiendra en notre bonne ville de Bruges, pour fêter notre union avec l'infante de Portugal, nous vous ferons chevaliers. — Et nous voulons qu'on sache qu'à notre avis les plus dignes étrennes que puissent se donner les princes et les peuples, ce sont de bonnes lois.

LA QUERELLE ET LE POINT D'HONNEUR

Le cœur de l'homme est ainsi fait, qu'une violente coutume que des mœurs sauvages avaient mise en vigueur n'a pu encore, depuis tant de siècles, tomber entièrement devant des lois sages. En dépit des arrêts, malgré les efforts des législateurs et des moralistes, le duel n'est pas éteint C'est que les mouvements produits par les mauvaises passions de l'homme ne cèdent qu'à une seule puissance supérieure à Satan, le père du mal : — la puissance de la religion.

De grands hommes, malgré le prétendu point d'honneur, ont pourtant refusé le duel : le duc de Navailles le jugeait un crime ; Turenne ne trouvait là aucun courage ; Charles-Quint n'a pas été rayé de la liste des braves pour avoir dédaigné le cartel de François Ier. Nous citons, sans y attacher de l'importance, Mirabeau, qui répondait à une provocation : — J'ai autre chose à faire, — et Beaumarchais qui disait plaisamment à un duelliste : — Merci, j'ai refusé mieux.

Des querelleurs même en ont senti l'absurdité. Saint-Foix, aussi connu par sa mauvaise tête que par ses Essais sur Paris, qui souvent ne valent pas mieux, eut une prise avec un homme à qui il reprochait une fâcheuse odeur, et qui lui demandait raison de cette insulte : — Si vous me tuez, dit-il, vous n'en puerez pas moins ; si je vous tue, vous en puerez davantage.

Peut-être y aurait-il moyen d'empêcher le duel. Ce ne serait pas en portant la peine de mort contre le duelliste ; car un préjugé vivace, que la religion catholique peut seule étouffer, montre comme un poltron aux gens du monde celui qui refuse un duel ; et, dans le jargon mondain, on vous dira fièrement que l'homme de cœur préfère la mort à la honte. Pourquoi ces gens-là ne servent-ils pas Dieu comme ils servent le fétiche invisible et impalpable qu'ils appellent point d'honneur ? Mais ne pourrait-on pas punir par les lois celui qui outrage et donne lieu au duel ? C'est ce que vient de faire, il y a quelques années, une loi recommandable de la Belgique. Ne pourrait-on pas déclarer le duel sans témoins un assassinat ?... Dans le duel avec témoins (par le même raisonnement qui assimile le recéleur au voleur), ne pourrait-on pas considérer les combattants comme aliénés, et les témoins comme meurtriers ? enfin, ôter toute place, toute dignité, tout emploi, toute distinction civile et militaire, aux duellistes et surtout à leurs témoins, les interdire même et les priver de leurs droits de citoyen ?

Si nous étions jurisconsulte, nous pourrions développer ces idées. Mais elles sont déjà vaniteuses à la tête d'une historiette. Qu'on nous pardonne : le bon motif nous les a inspirées. Nous allons rentrer dans notre fonction de conteur, comme c'est notre devoir.

Au commencement du dix-septième siècle, il y avait à Bruxelles, dans une rue que l'aventure qu'on va lire a fait nommer depuis la *rue de la Querelle,* deux jeunes hommes qui, longtemps élevés ensemble, s'étaient unis de ce qu'on appelle une étroite amitié. Guy Demoll était fils d'un brasseur ; l'autre, dont nous ignorons la famille, n'est venu jusqu'à nous que sous le seul prénom d'Albert. Le jeune Demoll, à vingt-quatre ans, se fit aimer de Thérèse Meerts, nièce d'un chanoine de Sainte-Gudule, pieuse jeune fille, pleine de grâces modestes, à qui son digne oncle avait donné une éducation alors recherchée. Demoll était riche et bien fait. Heureux de son futur mariage, il voulut que son ami pût juger de son bonheur. Il conduisit Albert chez les parents de Thérèse, et Albert ne put voir la jeune fiancée sans devenir en secret le rival de son compagnon d'enfance. Il n'étouffa pas cette passion coupable, et une sourde inimitié s'éleva dans son cœur.

Guy Demoll avait été élevé par une mère tendre et ardente et par un père plein de religion et de bon sens. Il était brave, courageux, ferme, intrépide. Mais il avait reçu de ses parents des principes que son père avait greffés avec soin dans son cœur, contre le crime et la folie du duel, qui était alors assez fréquent. Il s'en expliquait donc quelquefois avec horreur et mépris; Albert crut qu'il en avait peur.

Dans une fête qui se donna chez M. Demoll le père, pour les fiançailles de son fils, Albert fit quelque gaucherie, dont Guy se moqua sans malice. Albert lui ferma la bouche par une injure. Des amis communs empêchèrent la chose d'aller plus loin;

mais le lendemain matin ces mêmes amis vinrent trouver le jeune Demoll. Ils lui rappelèrent qu'il avait reçu la veille une insulte qu'il fallait réparer.

Il eut beau dire qu'il pardonnait ; on le conduisit chez Albert.

— Mon ami, lui dit-il, ces messieurs prétendent que tu m'as offensé hier. J'espère que nous ne nous battrons pas pour cela. Puisqu'il faut une réparation, fais-moi des excuses.

Là-dessus il sourit à son ami et lui tendit la main.

— Je ne m'abaisse jamais, répondit gravement l'autre. Si vous êtes blessé, je vous ferai raison.

— Ce n'est pas moi qui me trouve offensé, reprit Demoll : l'amitié meurt-elle sous le poids d'une parole ? et s'égorge-t-on pour deux syllabes ? Mais au fait, c'est à moi à faire des excuses ! moi qui ai ri follement de la manière dont tu saluais une dame : c'est moi qui t'ai fâché et qui te demande pardon.

Un reste de générosité fit un léger bondissement dans le cœur d'Albert ; il prit la main de Guy, la serra ; celui-ci se crut réconcilié ; ils se séparèrent.

Deux jours après, M. Demoll le père mourut subitement. Ce fut pour Guy une large et profonde douleur, et, comme on n'avait pas alors la coutume de repousser le chagrin par la joie, la noce préparée fut remise à l'année suivante, après l'expiration du deuil. Guy pleura son père avec amertume ; il ne lui restait qu'une mère dévouée, dont il était fils unique. Pendant qu'ils mêlaient leurs regrets et leurs larmes, les amis qui avaient été témoins de la manière dont s'était terminée la querelle de Guy et d'Albert en avaient fait des plaisanteries. Albert ne le recherchait plus et tenait sur son compte des propos méprisants.

Thérèse Meerts, dont le mariage était ainsi reculé, demeurait avec ses parents dans une rue qu'on a depuis appelée la *rue de la Fiancée*, et qui est près du Fossé-aux-Loups. Une nuit que les jeunes gens se trouvaient réunis dans un estaminet de la rue aux Herbes-Potagères, le tocsin sonna. Un incendie formidable dévorait l'habitation de la famille Meerts. Tout le monde y courut. Thérèse retirée dans sa chambre au deuxième étage était à la fenêtre, implorant du secours et n'ayant aucun moyen de salut, car l'escalier était en flammes ; le toit brûlait aussi. Albert promettait des récompenses, offrait de l'or pour qu'on la sauvât. Guy monta sans peur une tremblante échelle, tira la jeune évanouie des flammes béantes, et descendit chargé de ce précieux fardeau. Une seconde plus tard, il eût péri avec elle sous le toit qui s'écroula. On attribua ce dévoûment à l'amour; on dit que Guy avait du courage; mais on ajoutait que, pourtant, il n'était pas brave, puisqu'il craignait la pointe d'une épée. Ces bruits et d'autres lui revinrent; et, quoiqu'il méprisât d'ignobles préjugés, il supportait mal la pensée qu'il était l'objet d'insultantes railleries.

Sa mère, qui l'étudiait sans relâche, crut lire ce qui se passait dans son cœur. Elle s'en effraya. Elle lui savait l'âme pieuse et armée de vertu. Elle lui demanda presque à genoux de la rassurer, en déclarant qu'il ne se battrait point; elle eût compté sur sa parole formelle. Il chérissait tendrement sa mère, il eût donné sa vie pour la voir heureuse. Mais il ne put lui promettre de supporter le mépris.

— Ainsi, lui dit-elle, l'orgueil humain vous domine encore. Mais, mon fils, vous ne pourrez vous marier que dans un an ; pour faire oublier cette fâcheuse querelle, allons en France. Thérèse vous sera fidèle. Le roi Louis XIII est en guerre. Puisqu'il le faut, mon cher fils, faites une campagne. Ils verront si vous craignez le danger.

Cette idée plut au jeune homme. Il alla faire ses adieux à sa fiancée, et partit deux jours après avec sa mère.

Dès qu'il eut appris ce départ, Albert vint trouver Thérèse et lui offrit son cœur. Mais il fut repoussé de la manière la plus précise. Il crut se venger d'elle et de son amant en disant tout haut que Guy n'avait quitté Bruxelles que parce qu'il le craignait.

Un jour qu'il tenait insolemment ces propos à l'estaminet de la rue aux Herbes-Potagères, le maître de la maison, gros Flamand peu dissimulé, qui faisait grand cas de Guy, finit par se fâcher et pria Albert de se taire.

— Et qui peut m'y forcer? riposta effrontément le duelliste.

— Moi, dit le cabaretier; et s'il y a un lâche entre Guy et vous, c'est celui qui calomnie un absent.

— C'est-à-dire que je suis moi-même...

— Un drôle.

Le jeune homme bondit furieux :

— Vous me rendrez raison, dit-il.

— Tout de suite.

— Comment l'entendez-vous?

— Tout de suite.

— Quelles sont vos armes ?

— Les voilà, dit le gros Flamand, défendez-vous.
— Et aussitôt, il tomba à solides coups de poing sur Albert, le pila sans ménagement, et le jeta à la porte.

— Ces gens-là croient, dit-il en rentrant froidement et servant un pot de bière à deux voisins qui riaient de la scène, ces gens-là s'imaginent qu'on va tirer avec eux le pistolet ou l'épée, à froid, à leurs convenances, à heure dite, en lieu déterminé. Je ne garde pas ainsi mes colères. Une injure doit se secouer tout de suite.

En flamand, cette scène a un piquant, un coloris que nous ne pouvons rendre.

Albert, honteux, humilié, l'œil poché, la mâchoire gonflée, n'osa plus reparaître. Le ridicule lui semblait mortel ; il en était surchargé. Il prit aussi le chemin de la France, sans se douter que le hasard allait le ramener auprès de Guy Demoll.

Alors le roi Louis XIII assiégeait Royan, qui

14.

tenait pour les Huguenots. Guy avait pris du service dans l'armée française. Il fut surpris un jour d'y voir paraître subitement Albert. Ils ne se parlèrent point.

Au bout de quelques semaines, dans un joyeux souper, Albert conta sa querelle avec Guy Demoll, et fit sur le compte de son ami des quolibets qui sentaient plus la terre des Gascons que le sol bruxellois. Ces propos se répétèrent ; et quand la campagne fut terminée, lorsque Guy, ayant fini son engagement, comptait s'en revenir en Brabant, ses nouveaux amis lui dirent qu'il fallait absolument qu'il obtînt réparation des calomnies d'Albert ; car personne ne doutait d'un courage dont il avait donné des preuves éclatantes. On amena devant lui son ancien ami, qui, comptant sur sa modération, ne rétracta rien, et finit par déclarer qu'il regardait Guy comme un lâche sous le rapport du point d'honneur. Ce mot tombait si absurde, qu'il eût fallu encore le mépriser. Guy n'en fut plus maître. Il jeta son gant à la figure d'Albert ; l'heure fut prise pour le rendez-vous, qui devait avoir lieu le lendemain à Saintes, sur les bords de la Charente.

Guy au désespoir, à cause de sa mère, qui était

dans cette ville, garda son secret et n'en laissa rien deviner. Mais il avait dans l'âme des sentiments chrétiens, et il alla dans la soirée se confesser à un vieux prêtre de Saint-Eutrope, qui sembla d'abord très embarrassé de ses aveux, qui chercha à l'ébranler dans sa résolution condamnée par l'Église, mais qui, le voyant invinciblement décidé, n'osa enfin le condamner tout à fait, sans pourtant lui accorder l'absolution.

Le duel eut lieu le lendemain au point du jour, en présence de six témoins. Les deux champions tirèrent l'épée. Dès qu'Albert vit le courage calme et impassible de son adversaire, il commença à se sentir moins solide. Au bout de dix minutes, il tomba percé au cœur. Les témoins déclarèrent qu'il était mort, et conseillèrent à Guy Demoll, désolé de sa victoire homicide, de prendre aussitôt la fuite. Il y avait alors contre le duel des lois très rigoureuses. Le cardinal de Richelieu tenait à leur sévère exécution. Guy savait que, s'il était mis en justice, il porterait sa tête sur l'échafaud. Il chargea donc à la hâte un de ses camarades d'aller prévenir sa mère; et il montait à cheval pour s'éloigner, lorsqu'une troupe d'archers l'arrêta.

Le vieux prêtre à qui il s'était confessé, ayant reconnu que c'eût été un sacrifice impossible que d'exiger de Guy qu'il renonçât à son duel, après tant de longanimité, avait cru devoir le sauver sans le prévenir. Il avait donné avis au prévôt de Saintes qu'un duel devait avoir lieu ; le prévôt avait promis de l'empêcher et de faire sortir Albert du pays. Mais les gens qui protégent ne sont jamais pressés. La troupe qui devait s'opposer au combat n'arriva que quand tout fut fait. Les lois lui imposaient un autre devoir : elle arrêta le meurtrier.

Il y avait une heure que Guy était en prison, lorsque sa mère en pleurs vint le voir, pâle, épouvantée, heureuse pourtant de l'embrasser vivant, tremblante du danger qu'il venait de courir, et chérissant trop son fils pour ne pas se flatter qu'elle obtiendrait sa grâce. Il fut pourtant, le jour même, condamné à mort, pendant qu'on traînait sur la claie les restes d'Albert. On lui donna trois jours pour se préparer à l'échafaud.

Le cardinal de Richelieu était à Cognac. La pauvre mère y courut ; elle ne put rien obtenir. Elle revint dans les angoisses se jeter aux pieds du vieux prêtre qui ne pouvait que pleurer avec elle. La sentence devait être exécutée le lendemain, lorsque le Ciel parut venir au secours de Guy Demoll.

Le bon chanoine de Sainte-Gudule, qui venait d'être nommé évêque de Tunis, fut envoyé avec une mission secrète des catholiques belges vers le cardinal de Richelieu. Il arriva ce jour-là même à Saintes, croyant y trouver le roi et sa cour. Il apprit la catastrophe de son jeune compatriote. Il avait amené avec lui sa nièce Thérèse, qui, dévouée à son fiancé, se faisait un bonheur de le revoir. Il se garda bien de lui apprendre l'horrible nouvelle. Il courut à la prison, préoccupé d'une idée qui lui semblait venue du Ciel. Il embrassa Guy Demoll, et tirant de sa poche une paire de ciseaux, après quelques pieuses cérémonies, il lui coupa sur le sommet de la tête une touffe de cheveux. — C'est une tonsure que je vous fais, dit-il; cela ne vous engage point. Mais maintenant que vous êtes clerc, je vais vous réclamer au nom de l'Église.

Il courut aussitôt chez l'évêque de Saintes, lequel obtint un sursis. De là le vieillard monta une bonne mule, et s'en alla trouver le cardinal de Richelieu, qui ne put refuser à son stratagème et plus encore à son caractère la grâce qu'il demandait

Guy Demoll ne quitta Saintes, pour revenir en Belgique, qu'après avoir reçu les félicitations de ses amis qui l'embrassèrent comme un brave ; et ceux de Bruxelles le fêtèrent bientôt comme l'heureux époux de sa chère Thérèse.

Le baron de Pont-Alliac chasse sa mère.

LE PATÉ AU CRAPAUD

> Honorez votre père et votre mère
> afin que vous viviez longtemps sur la
> terre que le Seigneur votre Dieu vous
> donnera. DÉCALOGUE, IV.
>
> Que l'œil qui insulte à son père et qui
> méprise la mère qui l'a enfanté soit
> arraché par les corbeaux des torrents,
> et dévoré par les enfants de l'aigle.
> (PROV., ch. XXX, v. 17.)

I. — LE PATÉ DE PONT-ALLIAC

NE bru, ou si vous l'aimez mieux une belle-fille, sera l'héroïne à peu près de cette histoire; et par occasion nous pourrons remarquer que bien des gens seraient embarrassés d'expliquer pourquoi une bru s'appelle une belle-fille.

Un gentilhomme de Saintonge, mariant son fils unique, lui abandonna toutes ses possessions, sans se rien réserver que le bonheur de vivre avec son fils. Le jeune homme avait fait à son père et à sa mère, qui se dépouillaient pour lui, de tendres protestations ; car la possession de toute leur fortune lui faisait contracter une riche alliance. Il était baron de Pont-Alliac, au bord de la mer, près de Royan, seigneur des Martinets, de Mons, de Maine-Baguet, et d'autres borderies ou fiefs. Il avait sur les côtes de l'Océan d'immenses prairies, et de belles vignes sur les deux rives de l'embouchure de la Gironde. Il épousait la brillante Judith, héritière de Saint-Serdolein, suzeraine de Saint-Pallais, et dame des vastes domaines et du château de Soulac.

Bientôt ce jeune seigneur, dont le cœur sans doute était avare et le naturel mauvais, approuva sa jeune épouse, au cœur sordide et cruel, qui faisait le compte de la dépense que leur causaient encore un père et une mère habitués à l'opulence. La jeune dame désirait la mort des vieillards.

Assez criminel pour former ces vœux horribles, le jeune couple reculait toutefois devant l'idée d'un parricide. Mais ils le commettaient à petits coups; par des privations ignobles, des duretés journalières, et d'indignes traitements, au bout desquels le baron de Pont-Alliac, poussé par sa

femme, chassa de sa maison son père et sa mère.
— C'était au mois de novembre.

Comme ils s'éloignaient en pleurant, ne sachant où traîner leur misère, au moment où ils allaient franchir la grande porte du château, qui faisait face à l'Océan, le vieux père et la vieille mère rencontrèrent le cuisinier portant un gros pâté de venaison. Ils le prièrent de leur en donner une tranche, car ils avaient faim. Le maître-queux, n'osant rien faire sans ordre, courut demander à son jeune maître la permission d'accéder à la requête des vieillards. Judith se trouvait présente; le baron refusa; et le cuisinier alla, le cœur triste, signifier ce refus. Le vieux père et la vieille mère sortirent sans maudire leur fils.

Le jeune seigneur, qui était gourmand, s'était fait une fête de manger son pâté de venaison. Cependant on ne sait quel mouvement lui agita le cœur; il s'arrêta au moment d'entamer le pâté. C'est que, dit la tradition, le ciel s'était obscurci; les vents du nord sifflaient avec violence par les verrières; la mer s'était tout à coup soulevée; les vagues serpentaient en hurlant contre la base des rochers anguleux. On eût cru entendre au loin les sourdes clameurs de plusieurs tonnerres, mêlées aux craquements des rocs qui se divisaient en éclats et roulaient dans la mer. La plage se couvrait de méduses, de crabes velus et de monstrueux débris ; des myriades de flocons écumeux tigraient l'Océan ; les sables des conches tourbillonnaient avec fureur et formaient partout d'effrayantes fondrières. Les lames venaient heurter jusqu'à la porte du château, lançant avec fracas des torrents de sable et d'eau salée.

Le baron ne songea pas aux souffrances que la tempête accumulait sur la tête de sa mère et de son vieux père, qu'il venait de chasser. Mais il n'osa pas toucher à son pâté ce jour-là. Il le fit mettre à part pour le lendemain.

Le lendemain, au déjeuner, quoique la tempête ne se fût calmée qu'à demi, il se fit servir le pâté de venaison. Le cœur lui battait encore avec violence sans qu'il pût se définir ce qu'il éprouvait. Il ouvrit donc le pâté avec une sorte d'empressement et de colère. Aussitôt, dit la naïve relation, il s'en élança un gros et hideux crapaud, qui lui sauta au visage et s'attacha à son nez....

Le baron de Pont-Alliac poussa un cri d'effroi, cherchant à rejeter loin de lui l'animal immonde qui venait de le saisir. Tous ses efforts furent inutiles. La dédaigneuse Judith, surmontant une horreur profonde, ne fut pas plus puissante. Toute la peine que prirent les serviteurs épouvantés ne put faire démordre l'affreux animal, dont les yeux, fixes et saillants, demeuraient immuablement attachés sur les yeux du baron.

Le jeune seigneur, terrifié, commença à entrevoir là une punition surhumaine. On le mena chez le curé de Saint-Serdolein, qui, dès qu'il sut comment le baron avait chassé son père et sa mère, trouva le cas trop grave pour en connaître, et l'envoya à l'évêque de Saintes.

Le prélat, informé de l'excès de son ingratitude, jugea, dit toujours la relation, qu'il n'y avait que le Pape qui pût l'absoudre et le secourir; il lui enjoignit d'aller à Rome. Il fallut bien obéir.

Pendant tout ce voyage, la douleur et la honte, qui suivaient pas à pas le baron de Pont-Alliac, l'avaient fait rentrer en lui-même. Il se jeta aux pieds du Saint-Père, et lui confessa toute la laideur de son crime. Le Souverain-Pontife, voyant son repentir sincère, crut devoir lui donner l'absolution, subordonnant néanmoins la remise de sa faute énorme au pardon de ses parents. Mais à l'instant le crapaud tomba; car un père, une mère, pardonnent aussi vite qu'on offense. Le jeune seigneur et sa femme repartirent pour la Saintonge, avec le remords dans le cœur et la résolution d'expier leur faute.

En arrivant à Pont-Alliac, ils ne trouvèrent plus leur château, que la mer avait englouti, et qui est remplacé maintenant par une conche, ou petite baie sablonneuse, où l'on prend des bains de mer. Le hameau de Saint-Serdolein, Saint-Pallais, les Martinets, Soulac, et d'autres domaines qui leur appartenaient aussi, avaient également disparu, ne laissant apercevoir au-dessus des sables que les flèches de leurs clochers, qu'on va voir encore avec terreur. La métairie de Mons, dont le tenancier avait recueilli les vieillards, restait seule au baron de Pont-Alliac, dominant de loin le sol dévasté et les flots de la grande mer. Le baron s'y rendit avec Judith repentante; il tomba aux pieds de son vieux père et de sa mère en pleurs, supporta sans se plaindre les châtiments du Ciel, combla les vieillards de soins et de bons traitements jusqu'à la fin de leurs jours, et pour l'instruction de son jeune fils il écrivit de sa main dans ses archives cette légende du crapaud. —

Une seconde histoire. Elle a tant de points de res-

Le mariage du sire de Lassaraz.

semblance avec la première, que quelques-uns ont cru que l'une des deux était une altération de l'autre.

II. — LE PATÉ DU SIRE DE LASSARAZ

On a découvert en Suisse, dans les fouilles faites à Lassaraz, durant l'automne de 1835, une statue de guerrier du quatorzième siècle ayant deux crapauds aux joues et deux crapauds aux reins. Voici les récits traditionnels qui expliquent ce monument bizarre, que les curieux ont appelé le *guerrier aux crapauds*.

Dans des temps reculés, un jeune chevalier suisse, qui n'est connu que sous le nom du sire de Lassaraz, mérita, par sa vaillance dans les combats, les regards d'un seigneur dont il était vassal. Il devint épris de la fille de ce seigneur, qui était belle et riche, mais à qui l'on reprochait un cœur dur et une âme peu sensible. Le sire de Lassaraz, s'en inquiétant peu, la demanda en mariage. On la lui promit s'il pouvait lui apporter pour dot trois cents vaches à la montagne et un manoir. C'était toute la fortune de son père et de sa mère, dont il était le fils unique. Ces bons parents, voyant leur fils dans le chagrin, se dépouillèrent, pour le rendre heureux, de tout ce qu'ils possédaient ; et le sire de Lassaraz épousa celle qu'il aimait.

Bientôt son père et sa mère, qui ne s'étaient rien réservé, tombèrent dans une profonde détresse. Le guerrier ne s'en aperçut pas. L'hiver marchait rude et horrible. Un soir que la neige tombait à flocons, lancée par un vent glacial, les vieillards vinrent heurter à la porte de leur fils. On les reçut, mais de mauvaise grâce : on les nourrit un peu de temps ; on leur fit sentir vite qu'ils étaient à charge. Et que vous dirai-je ? Le sire de Lassaraz, de concert avec sa femme, aussi impitoyable que lui, ne tarda pas à chasser de sa maison son père et sa mère. L'hiver n'avait pas encore diminué de rigueur. On mit les vieillards dehors, à demivêtus, l'estomac vide ; et on refusa, par ordre du maître, de leur donner des provisions.

Pendant qu'ils cheminaient en pleurant, dans la brume obscure, à travers les sentiers glacés, le sire de Lassaraz se félicitait du parti qu'il venait de prendre, et devant un foyer ardent il se mettait à table pour souper. On servit devant lui un pâté de belle apparence ; un pot de bière mousseuse pétillait à côté. Il se plaça devant son pâté ; il se mit à l'ouvrir, avec cet empressement que donne aux âmes grossières l'espoir d'un plaisir sensuel. Mais il n'eut pas plus tôt soulevé la croûte épaisse qui couvrait le pâté qu'il se rejeta en arrière avec un cri effroyable. Sa femme, le regardant, fut frappée de terreur et appela du secours. Deux crapauds s'étaient élancés du pâté, et, fixés aux joues du guerrier, ils paraissaient envoyés là par quelque puissance suprême. La jeune femme, après avoir surmonté le dégoût que lui inspiraient ces deux monstres, fit tous ses efforts pour les arracher de la place qu'ils avaient mordue et qu'ils semblaient dévorer, en couvrant de leurs yeux implacables les yeux sanglants du chevalier : les tentatives de la dame furent vaines ; les serviteurs de la maison ne réussirent pas davantage.

Le guerrier, après deux heures de honte et de souffrance, songea enfin à sa cruauté filiale et se demanda si ce qui lui arrivait n'était pas un châtiment de Dieu. Il fit appeler un prêtre. Le curé d'un hameau voisin s'empressa de venir. Il entendit la confession du parricide ; mais, n'osant pas absoudre un cas si grave, il renvoya le coupable à l'évêque de Lausanne.

Le sire de Lassaraz, à l'aube du jour, se mit en chemin avec un commencement de repentir dans le cœur. Ses deux crapauds ne le quittaient point. Conduit par sa femme, il était obligé de se voiler le visage en marchant, pour n'être pas un objet de risée et de mépris. L'évêque le reçut ; mais, informé de son crime, il n'osa pas non plus prononcer sur lui les paroles qui délient. « Le Pape seul peut vous juger ici-bas, » dit il ; et le pénitent fut obligé d'aller à Rome.

Durant ce long voyage, il réfléchit profondément, courbé sous l'opprobre et la douleur, à sa dureté infâme pour des auteurs de ses jours. Il se jeta aux genoux du père commun des fidèles, pénétré de remords. Le Pape lui imposa, pour mériter l'absolution de son crime, une austère pénitence ; puis il lui dit :

— Allez trouver maintenant votre père et votre mère ; s'ils vous pardonnent, le signe qui vous a été mis tombera.

Le sire de Lassaraz revint en Suisse avec sa femme. Mais où découvrir les vieillards qu'il avait chassés ? Pendant trois mois, il les chercha avec persévérance. Enfin, dans un ermitage écarté, il trouva deux cadavres, un vieil homme et une vieille femme morts depuis longtemps de faim et de froid. C'était son père et sa mère. Il tomba à genoux et pleura toute la nuit. Au matin, les deux crapauds se détachèrent de ses joues; et, comme si l'expiation n'eût pas été suffisante, les deux monstres, ne quittant pas leur victime, se glissèrent à ses reins, s'y attachèrent, et y demeurèrent vingt ans encore.

Alors seulement le sire de Lassaraz fut tué par son fils, qui voulait avoir ses biens, et on découvrit les deux crapauds, qu'il cachait avec un soin extrême.

L'héritier de Lassaraz périt dévoré par les ours. Le manoir passa dans une branche collatérale. Pour conserver, dit-on, le souvenir du parricide puni, on éleva dans l'église la statue d'un guerrier avec les deux crapauds aux joues et aux reins. Cette statue, renversée aux jours destructeurs de la réforme, a été retrouvée, comme nous l'avons dit, en 1835. Ce sera toujours un monument à méditer.

On a fait de cette tradition singulière, dont nous donnons les deux récits, une moralité dramatique imprimée à Lyon, chez Benoît Rigaud, en 1589, sous ce titre:

« Le miroir et l'exemple moral des enfants
» ingrats, pour lesquels les pères et mères se dé-

» truisent pour les augmenter; qui à la fin les décon-
» naissent : moralité à dix-huit personnages, par
» Antoine Thomas ; in-16. »

Une édition précédente, in-4° gothique, est sans date.

Le capitaine Pelisse en patrouille.

LE CAPITAINE PELISSE

ENDANT les querelles qui s'étaient émues entre les maisons de France et d'Autriche, Philippe II, roi d'Espagne, voulut prendre Sienne comme fief de l'empire, parce que dans des jours d'oppression cette belle ville s'était mise sous la protection de l'empereur, son père. Sienne, effrayée pour sa liberté, réclama l'appui des Français, alors en Italie. L'intrépide Blaise de Montluc, dont le nom a fait tant de bruit au XVIe siècle, était en Toscane. Il se jeta dans Sienne avec une poignée de Français, et bientôt le marquis de Marignan vint y mettre le siége pour Philippe II.

Or, parmi les Français qui suivaient la fortune de Montluc, il y avait un brave qu'on nommait le capitaine Pelisse, et dont toutes les façons montraient un industrieux et accort chef de guerre, comme dit Belleforest, qui nous a conservé cette histoire. Sa vigilance était si active et si haute, que, de nuit comme de jour, il donnait avis certains des courses, allées et venues de l'ennemi, sortant adroitement hors la ville, allant découvrir le pays assez loin, et ne rapportant jamais que des indications sûres et précises. Enfant de troupe, élevé et nourri parmi les soldats, il s'était dressé merveilleusement dans le métier d'aller aux écoutes, de courir en silence, de découvrir secrètement la contrée, et de discerner l'ennemi à l'odorat.

Car il faut vous dire que le capitaine Pelisse était un chien. Et si l'on vous atteste qu'il dressait un escadron, assemblait une bande, posait des sentinelles et corps-de-garde, cela surprendra votre croyance : ce n'est cependant que l'exacte vérité.

Pendant qu'on assiégeait Sienne, le capitaine Pelisse ne manquait pas tous les soirs de réunir les chiens de la ville sur la Grand'Place, de contraindre à belles dents ceux qui faisaient les indisciplinés, de les passer en revue devant la fontaine publique ; et, sitôt qu'à la tour de Mangiana l'horloge de la ville avait sonné l'heure de la retraite, sortant avec sa compagnie hors des murs, il posait ses chiens par troupes en divers endroits, avec quelques-uns en sentinelles avancées. Lui cependant courait quelque quart de lieue au loin pour reconnaître les mouvements des Espagnols; et il annonçait ce qu'il découvrait, en aboyant aussi ferme que l'arquebusade d'un soldat.

Ces manœuvres durèrent longtemps. Car les Siennois, toujours braves, ne faisaient pas consister la vaillance dans les duels, si communs alors, ayant même gravé sur la lame de leurs épées ce grand commandement de Dieu: *Non occides*; mais, mettant l'honneur en lieu plus haut, ils se dévouaient à la patrie et secondaient unanimement Montluc avec une fermeté admirable. Aussi l'on a dit que le siége de leur ville fut l'un des plus opiniâtres de ces temps d'orages.

Quand la ville fut serrée de près par l'ennemi, le capitaine Pelisse, ne pouvant plus faire sortir ses gens, fournissait la muraille tous les soirs, et, les rangs disposés selon sa coutume, il allait visiter ses sentinelles et faire sa ronde, comme un gouverneur de ville assiégée. Il semblait se plaire à défendre cette cité savante et polie, qui, supérieure à l'ignoble envie, n'a jamais oublié ni déprécié les services que des étrangers lui ont rendus.

Cependant la famine vint dans Sienne. On donna

la dictature à Blaise de Montluc, qui aussitôt fit sortir de la ville toutes les bouches inutiles. La plupart des soldats du capitaine Pelisse furent mangés. Pour lui, non seulement on le respecta, comme c'était le devoir, mais tant qu'il y eut des vivres, on lui fit sa ration. Néanmoins il fut si désolé de n'avoir plus sa petite armée, qu'après avoir langui quelques jours, il en mourut de regret et de chagrin. Montluc ordonna qu'on lui rendît militairement, à la païenne toutefois, les honneurs funèbres. Il fut enterré au milieu de l'ovale de la Grand'Place. Une partie de la garnison y vint ; on y apporta la bannière de la ville, qui est la fameuse louve allaitant deux jumeaux, en mémoire de ce que Sienne fut bâtie par les enfants de Rémus ; le gonfalonier y parut dans son grave costume noir avec le manteau d'écarlate, et suivi de ses six valets armés d'épées.

Du reste, la mort du capitaine Pelisse sembla le pronostic de la reddition de la ville, qui ne se soumit pourtant point. Mais le marquis de Marignan, voulant par humanité mettre un terme à la résistance désespérée des Siennois, offrit à Blaise de Montluc les conditions les plus avantageuses, s'il voulait capituler. A quoi il répondit avec hau-

teur que jamais on ne verrait son nom en pareille
écriture. Il permit seulement aux Siennois de traiter pour eux, et sortit de la place avec tous les honneurs de la guerre, le 21 avril 1555.

Belleforest, qui a conservé les détails de l'histoire du capitaine Pelisse, ajoute qu'il ne l'eût
point écrite, si ces faits ne lui eussent été affirmés
avec serment par plusieurs vaillants hommes et
gens d'honneur qui s'étaient trouvés à ce siége. A
ceux qui feront conscience d'y croire, dit-il ensuite,
je représenterai qu'il y a peu d'hommes en France
qui ignorent que, pour la garde de Saint-Malo,
ville de Bretagne, n'y a guère d'autre guet de nuit
ni de garnison qu'une grande troupe de chiens que
tous les soirs au son de la cloche on met sur le havre
pour découvrir si l'on dresse des embûches à la
ville. Et si les chiens bretons ont cette industrie,
il me semble que Pelisse a pu faire ce que nous
avons raconté.

Et à ceux qui feront fi de ce que la ville de Sienne
et l'armée française rendirent quelques honneurs
funèbres au capitaine Pelisse, nous soumettrons
notre pensée intime que le chien n'est pas indigne
de quelque distinction en ce monde ; qu'il a été
chanté par Homère ; que Buffon écrivit avec une

certaine solennité son histoire ; que Plutarque, dans le récit de l'abandon d'Athènes au temps de Thémistocle, fait une disgression tout exprès pour décrire les lamentations des chiens qu'on fut obligé d'abandonner ; qu'il fait mention d'un chien qui suivit son maître jusqu'à Salamine en traversant la mer, et qui, étant mort en abordant, fut honoré d'une tombe par les Athéniens.

Nous dirons enfin que notre peu d'égards pour le chien est un vieil et absurde abus, qui nous vient des Turcs et des Anglais, et qui tombera comme tant d'autres, quand nous serons tout à fait civilisés, ce qui pourra bien arriver dans quelques siècles.

TABLE DES MATIÈRES

TABLE DES MATIÈRES

Le pont du château d'Ypres.	1
Regnier-au-Long-Cou.	19
Le nombre quatre.	25
Les tricheurs. — Chronique des rues de Gand.	31
Le pendu de Schendelbeke.	38
Baudouin-le-Chauve.	49
Le Vendredi-Saint de l'année 1440.	58
Le diable prédicateur.	73
Une anecdote d'Alix de Bourgogne.	96
Comment on achève un pont.	111
Légende de la rue du Bonheur.	122
La femme battue.	129
La fille du banquier.	137
La grande dispute de la robe et de l'épée. — Scène de la fin du XVe siècle.	153
La vieille d'Audenarde.	169
La grande clé.	179

TABLE DES MATIÈRES

Le voleur de Nieuport.................. 192
Une fête du XVIe siècle. 205
Une femme en champ clos................ 212
Un duel de vilains.................... 225
La querelle et le point d'honneur......... 237
Le pâté au crapaud.................... 253
Le capitaine Pelisse.................. 267

FIN

OUVRAGES DU MÊME AUTEUR

EN VENTE

LÉGENDE DE LA SAINTE VIERGE

2me édition, 1 volume in-8°, 4 fr.

LÉGENDES DES ORIGINES

1 volume in-8°, 4 fr.

LÉGENDES DES DOUZE CONVIVES DU CHANOINE DE TOURS

1 volume in-8°, 4 fr.

LÉGENDE DU JUIF-ERRANT

1 volume in-8°, 4 fr.

DICTIONNAIRE INFERNAL

Nouvelle édition entièrement refondue, 7 fr. 50 c.

LES JÉSUITES

4me édition, 1 volume in-18 anglais, 1 fr. 50 c.

Plancy, Typ. de la Société de Saint-Victor. — J. Collin, imp.

www.ingramcontent.com/pod-product-compliance
Lightning Source LLC
Chambersburg PA
CBHW071135160426
43196CB00011B/1908